Monika Thiel

# Babyspaß mit PEKiP-Spielen

Monika Thiel

# Babyspaß
# mit PEKiP-Spielen

### In Zusammenarbeit mit dem PEKiP-Verein e. V.

Zum Thema bereits erschienen:
Peter Walker: Babymassage. ISBN 3-332-01293-2
Jeanette Stark-Städele: Unser Baby im ersten Jahr. ISBN 3-332-01252-5
Renate Csellich-Ruso: Die schönsten Bewegungsspiele für Kinder von 0-5. ISBN 3-332-01250-9
Heike Baum: Das richtige Spielzeug für die ersten 5 Jahre. ISBN 3-332-01249-5
Dr. Miriam Stoppard: Säuglinge, Babys und Kinder. ISBN 3-332-00845-5

Die Autorin: Monika Thiel (geb. 1964) ist Diplom-Sozialarbeiterin, seit 1990 PEKiP-Gruppenleiterin und seit 1995 auch Ausbilderin in der PEKiP-Fortbildung. Sie lebt in Velbert, ist verheiratet und hat zwei Söhne, geb. 1987 und 1992.

Die Schreibweise entspricht den Regeln der neuen Rechtschreibung.

**Bibliografische Information: Der Deutschen Bibliothek**
Die Deutsche Bibliothek verzeichnet diese Publikation in der Deutschen Nationalbibliografie; detaillierte bibliografische Daten sind im Internet über http://dnb.ddb.de abrufbar
ISBN 3-332-01308-4

www.verlagsgruppe-dornier.de
www.urania-verlag.de
2. Auflage Juni 2003
© 2002 Urania Verlag Berlin
Der Urania Verlag ist ein Unternehmen der Verlagsgruppe Dornier.
Umschlaggestaltung: Behrend & Buchholz, Hamburg
Titelfoto: Premium
Fotos: PEKiP Verein e. V.; Zeichnungen auf S. 41: bebina GmbH, Oldenburg (Old.)
Redaktion: Dr. Marianne Jabs
Satz: Thoms Buchdesign, Berlin
Druck: Westermann Druck Zwickau
Printed in Germany

# Inhalt

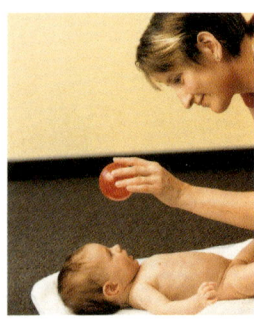

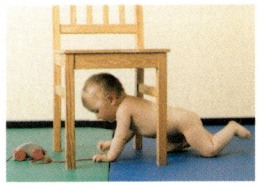

# Vorwort

Als ich vor 28 Jahren zusammen mit Prof. Dr. Christa Ruppelt zum ersten Mal Mütter und Väter mit ihren Babys in eine Gruppe einlud, um dort miteinander zu spielen, habe ich nicht im Entferntesten daran gedacht, dass daraus das Prager-Eltern-Kind-Programm (PEKiP) werden könnte. Christa Ruppelt zeigte mir „Spiele" für unser damals drei Monate altes Baby. Obwohl ich als Kinderkrankenschwester sehr geübt in allen Pflegegriffen war, die Babys betreffen, haben mich diese Spiele etwas Neues gelehrt: die Eigenaktivität und die Befindlichkeit des Babys wahrzunehmen und zu beachten bei dem, was sich dann als Spiel zwischen uns entwickelte. So wurde ich eine der sieben Gründerinnen des PEKiP-Vereins in Deutschland.

Heute ist diese Gruppenarbeit für Eltern und ihre Babys im ersten Lebensjahr über die ganze Bundesrepublik verbreitet. Mehr als 50.000 Babys spielen wöchentlich in PEKiP-Gruppen. Ich führe das auf das große Engagement vieler Gruppenleiterinnen und auf den Rückhalt zurück, den ihnen der Zusammenschluss im PEKiP-Verein gibt. Der Name ist eine Referenz an den Psychologen Dr. Jaroslav Koch aus Prag, der uns in einer Zeit, in der zwischen Ost und West „Kalter Krieg" herrschte, seine „Spiel-, Bewegungs- und Sinnesanregungen für Babys und ihre Eltern" zur Verfügung stellte.

Die Achtung vor der Persönlichkeit des Babys bewahrt uns davor, sie nach Patentrezepten zu behandeln und nach Vorschrift zu bespielen. Ein neuer Mensch ist da! So beginnt dieses neue Buch zum Prager-Eltern-Kind-Programm, in dem der Spielspaß, der Eltern und Babys gut tut, beschrieben wird. Monika Thiel ist eine engagierte PEKiP-Gruppenleiterin und Mitarbeiterin in der Fortbildung von Gruppenleiterinnen. Mit ihrer lebhaft-herzlichen Art, mit der sie auch Mütter und Väter in ihren PEKiP-Gruppen begleitet, gibt sie in diesem Buch ihr Wissen um die aufregende erste Zeit mit dem Baby und die unterschiedlichen Ausgangssituationen von Familien weiter. Den Eltern mit frühgeborenen Babys widmet sie ein besonderes Kapitel.

Sie geht auf die Bedürfnisse der Babys nach Geborgenheit und Zuwendung ein und wird gleichzeitig den Bedürfnissen der Eltern gerecht: nach Sicherheit im Umgang mit dem Baby, Anerkennung ihrer Bemühungen, ein guter Vater/eine gute Mutter zu sein – und dabei sich selbst und die Partnerschaft nicht ganz aus den Augen zu verlieren. Da ist ein neuer Mensch geboren, macht eine Frau zur Mutter, einen Mann zum Vater und verändert so viel! Das Baby, dieser noch so kleine Mensch, bringt ganz eigene, originelle Eigenschaften, Fähigkeiten und Verhaltensweisen mit und entwickelt sich weiter – im Zusammenspiel mit Vater und Mutter.

Bei PEKiP geht es ums Spielen! Zusammenspiel ist angesagt, Freude am Spiel mit dem Baby – und nicht Üben oder Dressieren. Spaß an Bewegung, Handlung, Erforschen – und nicht Nötigung dazu. Meistens zeigt ein Baby sehr genau, was es jetzt will, manchmal müssen die Eltern etwas ausprobieren, um herauszufinden, was jetzt für das Kind interessant ist. Insgesamt ist die Fülle dieser Spiele ein Fundus, der Eltern und Babys Lust macht, sich miteinander zu beschäftigen, Neues auszuprobieren, mit etwas Bekanntem erfahrener umzugehen. Es geht dabei nicht um Richtig oder Falsch, sondern um ein achtsames Miteinander, das Verbindung herstellt, zusammenwachsen lässt, Vertrauen in die kindliche Kompetenz stärkt und elterliche Fähigkeiten erblühen lässt.

Für das Spielen ist Zeit nötig. Auch davon erzählt dieses Buch. Zeit, sich gegenseitig anzuschauen, zu spüren, zu hören, unterschiedliche „Sprachen" zu „entschlüsseln": „Was willst du Baby mir sagen, wenn du gerade eben noch mit mir gelacht hast und jetzt quengelst?" Häufig brauchen Mütter oder Väter nichts zu tun, als dem Baby zugewandt abzuwarten. Dann kommt ein Signal, darauf gilt es zu antworten ... ein Spiel entwickelt sich.

Ich wünsche diesem Buch Erfolg und den Babys und ihren Eltern viel „Spielspaß".

*Erika Roch, Familienpädagogin*
*Mitbegründerin des Prager-Eltern-Kind Programms*

# Ihr Baby

*Das lang ersehnte Ereignis ist eingetreten. Sie haben Ihr Kind im Arm und können es endlich ansehen, es kennen lernen und ihm Ihre Liebe zeigen.*

## Das neue Familienmitglied kennen lernen

*Viele Eltern erleben Gefühlsstürme zwischen Freude, Ehrfurcht, Erleichterung, Aufregung und Erschöpfung.*

Die Geburt und das erste Kennenlernen des Babys sind unvergesslich. Das Neugeborene wird, wenn keine medizinische Notwendigkeit dagegen spricht, der Mutter auf den Bauch bzw. auf die Brust gelegt. Es entdeckt jetzt seine Mutter auch mit den Augen. Der erste Blickkontakt zwischen Eltern und ihrem Baby ist gleichzeitig die erste Interaktion.

Aber nicht immer können die ersten Momente nach der Geburt so harmonisch erlebt werden. Wenn z. B. das Neugeborene aufgrund notwendiger medizinischer Maßnahmen von den Eltern getrennt wird, findet das Kennenlernen zu einem späteren Zeitpunkt statt. Nehmen Sie sich jedoch dann Zeit dafür, das Baby ausgiebig anzuschauen und so die Grundlage für eine stabile und tragfähige Beziehung zu legen. Nach einer schweren Geburt bleiben die euphorischen Gefühle der Mutter für ihr Baby häufig erst einmal aus. Wenn Sie in einer solchen Situation sind, nehmen Sie Ihr Baby, wann immer es geht, zu sich. Sie beide verbindet eine individuelle Geburtserfahrung; auch das Kind muss sein Geburtserlebnis „verarbeiten". Falls Sie nach einem Kaiserschnitt Ihr Baby nicht begrüßen können, hat der Vater die Chance, sein Kind zu empfangen und dabei eine besonders tiefe Beziehung zu knüpfen.

## Die Sinne Ihres Babys

*Blickkontakt*

Eltern tun instinktiv das Richtige: Im Augenabstand von 20–22 cm halten sie ihr Kind. Die Natur hat sie mit Verhaltensweisen ausgestattet, die genau den Bedürfnissen des Babys entsprechen. Ihr Baby kann in dieser Entfernung am besten sehen.

*Gehör*

Nach der Geburt können Babys gut hören und differenzieren sogar schon vertraute und fremde Geräusche, verschiedene Tonhöhen und Stimmen. Sie können sogar schon hören, aus welcher Richtung ein Ton kommt, und wenden Augen und Kopf danach.

Die Haut ist das größte Sinnesorgan, das Baby möchte tasten und spüren, und dazu braucht es Nähe und Körperkontakt. Es spürt: Ist es ein vorsichtiger oder ein fester Griff? Es wird gern auf dem Arm gewiegt – auch hier unterscheidet es zwischen den Eltern und fremden Personen, denn jeder Mensch hat einen individuellen Schaukelrhythmus. Das Baby schmiegt sich an und möchte gestreichelt werden.

*Körperkontakt*

Viele Kinder werden gern mit der ganzen Hand gestreichelt, andere legen Wert auf rhythmische Bewegungen. Manche freuen sich über sanften, andere über festen Druck. Und alle zeigen deutlich, wann sie genug vom Streicheln haben.

Wissenschaftler stellten fest, dass gestillte Babys feine Unterschiede bei der Muttermilch schmecken und darauf reagieren. Sie trinken z. B. deutlich mehr, wenn die Mütter Knoblauch gegessen hatten.

*Geschmackssinn*

Neue Gerüche machen Babys neugierig. Schon wenige Tage nach seiner Geburt kann das Baby seine Mutter aus mehreren Personen „herausschnuppern".

*Geruchssinn*

## Kommunikation und Nachahmung

Eltern und Babys ahmen sich gegenseitig nach: Es entsteht ein inniges Zwiegespräch aus Mimik, Gestik und Lauten.

*Kommunikation ist für das Baby unentbehrlich – sie sichert sein Überleben.*

Ein Baby im ruhigen Wachzustand schaut seine Eltern an und versucht, sie nachzuahmen. Streckt die Mutter oder der Vater dem neugeborenen Baby die Zunge heraus, wird das Baby innerhalb von 45 Sekunden ebenfalls die Zunge herausstrecken.

Dass ein so junges Kind einen Zusammenhang zwischen dem elterlichen und dem eigenen Gesicht erkennen kann, ist eines der vielen Wunder in der kindlichen Entwicklung. Wenn Eltern die Laute ihres Babys, seine Mimik und Gesten nachahmen, freut es sich und wiederholt sie.

## Baby-Talk

*Selbst kleine Kinder wissen instinktiv, wie man ein Baby anspricht!*

Babys bevorzugen hohe Tonlagen und lieben häufige Wiederholungen. Eltern verfügen über ein biologisches Erbe, das wirksam wird, sobald sie in die Nähe eines Babys kommen.

Nur Baby-unerfahrene Menschen lächeln, wenn sie hören: „So feiiiin trinkst du! Priiiima machst du das! Ganz feiiin! So ist es gut: Feiiin trinken …" Vokale werden durch Betonung hervorgehoben, und die gedehnte Aussprache mag übertrieben klingen. Das Baby aber lernt allein durch die Sprachmelodie, den Inhalt der Botschaft aufzunehmen. Ein erstes Sprachverständnis entsteht, indem es im Baby-Talk – oder auch Ammensprache – tröstende, lobende, aufmunternde und warnende Wörter zu unterscheiden lernt.

Baby-Talk ist aber noch mehr! Das Besondere ist, dass Eltern sich in ihrer Sprache genau dem Bedürfnis ihres Kindes anpassen. Sie spüren, wie viel Mimik es braucht und wie oft es Wiederholungen wünscht. Durch die Art, wie die Eltern sprechen und ihre Worte betonen, erfährt das Baby, wie sich seine Eltern fühlen. Bei einer fröhlichen Ansprache spürt das Baby die Freude und freut sich mit.

## Die Gefühlswelt des Babys

Gefühle gehören zum Überlebensrepertoire des Babys. Sie lassen das Kind vorsichtig reagieren oder veranlassen es zu mehr Nähe.

*Bereits im Mutterleib spürt der Fötus, wenn es seiner Mutter gut geht.*

Die Beispiele auf S. 22–26 machen deutlich, wie Sie, wie Eltern sich genau auf das Baby und seine Bedürfnisse einstellen, wie sie prompt und angemessen reagieren. Wenn Ihr Baby weint, weil es Hunger hat, reagieren Sie dadurch, dass Sie ihm zu trinken geben. Allerdings ist Ihr Kind darauf angewiesen, dass Sie möglichst unmittelbar reagieren. Dann klappt es mit der Kommunikation: Sie sind mit Ihrem Baby „im Gespräch".

Das Kind zeigt Ihnen dann auch, ob Sie es richtig verstanden haben: Es trinkt, es war tatsächlich der Hunger. Für Ihr Baby ist die Welt jetzt wieder in Ordnung!

16

Die Psychologin Mary Ainsworth untersuchte die Feinfühligkeit von Eltern und stellte fest, dass sensible, zugewandte Eltern ihrem Kind eine sichere Basis geben, auf der es sich gesund entwickeln kann. So sind die Verhaltensweisen von Eltern und ihrem Baby genau aufeinander abgestimmt.

Für Außenstehende kaum erkennbar, beginnt eine Kette von Interaktionen. Durch die kindliche Reaktion fühlen Eltern sich in ihrem Handeln bestärkt; so werden sie sicher im Umgang mit ihrem Kind. Das Baby wiederum bekommt Vertrauen in seine Fähigkeiten – es lernt, dass es sich verständlich machen kann und seine Eltern dem Kummer ein Ende setzen. Es vertraut ihnen als verlässlichem Gegenüber.

Das Baby zeigt seine Gefühle zwar offen, kann sie aber noch nicht differenziert ausdrücken. Gefühle können sich auch vermischen oder gleichzeitig auftreten. Die „Wonneangst" ist ein Beispiel dafür: Im „wilden" Spiel, meist mit dem Vater, empfinden Kinder oft gleichzeitig Freude und Furcht. Hier ist es wichtig, das Kind genau zu beobachten. Ist das Spiel noch in Ordnung und kann weitergehen, oder wird es dem Kind jetzt zu viel?

*Für den Erwachsenen ist es oft nicht einfach zu erkennen, ob ein Baby ängstlich oder traurig ist.*

Durch Gefühlsäußerungen, Mimik und Laute schafft es das Kind, die Eltern in seine Nähe zu bringen und mit ihnen zu kommunizieren. Dabei drückt es nicht allein eigene Gefühle aus, sondern erkennt auch Gefühle anderer Menschen. Ein Beispiel: Ein krabbelndes Baby zieht sich am Tisch hoch in den Stand, es möchte die Fernbedienung vom Tisch angeln, verliert dabei den Halt und fällt um. Es hat sich nicht weh getan, aber heftig erschreckt. Was passiert? Es schaut in das Gesicht seiner Mutter? Hat sie sich auch erschreckt oder ist sie gar entsetzt, wird es wahrscheinlich mit Verzögerung anfangen zu weinen. Schaut es in ein aufmunterndes Gesicht, fühlt es sich ermutigt, wieder aufzustehen.

## Babys Bedürfnisse

Der Säugling braucht mehr als Nahrung, Kleidung und Wärme. Einige Kinder möchten fast immer getragen werden, andere liegen auch gern mal allein in der Wiege. Manche Kinder benötigen häufig Körperkontakt, sodass sie auch nachts am besten im Elternbett schlafen, andere Babys bevorzugen das eigene Bett. Nach und nach kennen Sie Ihr Baby. Was hilft ihm beim Einschlafen? Vielleicht ein Kuscheltier oder ein T-Shirt mit Mamas Geruch? Wie wird es wach? Weint es sofort los oder liegt es zufrieden im Bett und „erzählt" etwas? Es wird Ihnen immer deutlicher zeigen, was es benötigt.

Das Kind macht dauernd neue Erfahrungen, und ohne Ankündigung verändern sich seine Bedürfnisse. Es ist dann gar nicht so leicht für Sie, sich umzustellen. Wo gestern noch Unterstützung angesagt war, ist heute Loslassen wichtig. Lassen Sie sich von der Flexibilität und dem neuen „Können" Ihres Kindes anstecken. Es eröffnet auch Ihnen neue Möglichkeiten. Sie können voneinander und miteinander lernen.

## Das Wunder des ersten Jahres

Zur Entwicklung gehören die Vorgänge von Reifung, Wachstum und Lernen.

Reifung vollzieht sich durch die Veränderung körperlicher Organe. Das Verdauungssystem eines Babys z. B. ist bei seiner Geburt noch nicht vollständig ausgereift. Das Neugeborene verträgt Muttermilch oder ähnliche Nahrung, mit einem Butterbrot wäre sein Verdauungssystem überfordert.

Wachstum können Sie bei Ihrem Baby deutlich beobachten – spätestens wenn es schon wieder aus seiner Kleidung herausgewachsen ist. Die Voraussetzungen für sein Wachstum bringt das Baby mit. Um sich zu entwickeln, benötigt es jedoch neben seiner eigenen Motivation, wie z. B. seiner Neugier, auch Lebensbedingungen, die es unterstützen.

Lernen entsteht, wenn das Baby aus seinen gemachten Erfahrungen Rückschlüsse zieht. Es erkennt Zusammenhänge zwischen seinem Tun und der Reaktion darauf. Das Baby lernt: Wenn ich auf ein Quietschtier drücke, gibt es ein Geräusch; wenn ich an einem

Faden ziehe, kommt das angebundene Spielzeug näher ... Diese Denkleistung ist möglich, weil das Baby bereits ein Netz von Vorerfahrungen geknüpft hat, auf die es zurückgreifen kann.

Wenn seine körperlichen Bedürfnisse erfüllt sind, fühlt es sich wohl, es kann gestärkt in das Abenteuer gehen, die Welt zu erforschen. Genauso wichtig ist das psychische Wohlbefinden. Fühlt sich das Baby angenommen und in seinem Verhalten bestärkt, wird es immer mutiger, neue Bewegungen auszuprobieren.

Bestimmt hat auch Ihr Baby eine Vorliebe. Ein Kind bevorzugt die Bauchlage, das andere liebt die Rückenlage. Einzelne Entwicklungsbereiche, wie z. B. Bewegungs-, Sozial-, Wahrnehmungs- sowie geistige und sprachliche Entwicklung können unterschiedlich stark ausgeprägt sein. Ein Kind, welches schon sehr früh läuft, spricht vielleicht erst spät.

In jeder PEKiP-Gruppe ist zu beobachten, wie unterschiedlich Babys sich verhalten. Da gibt es einige, die früh krabbeln und dann lange Zeit nichts anderes tun, während andere daliegen und ihr ganzes Augenmerk auf das Greifen legen. Schon früh fassen sie auch kleine Gegenstände und untersuchen sie mit Hingabe.

*Kaum etwas kann Eltern so verunsichern wie die Sorge um die gesunde Entwicklung ihres Kindes.*

*Babys entwickeln sich zwar in ähnlicher Reihenfolge, aber zu sehr unterschiedlichen Zeitpunkten.*

### Der eigene Körper – das erste Spielzeug

*Kenntnisse spiele-*
*risch erwerben*

Geben Sie Ihrem Kind Zeit, selber herauszufinden, was es mit den Gegenständen auf sich hat. Sie werden merken, Alltagsgegenstände regen Ihr Kind oft mehr dazu an als aufwändiges, speziell für Babys hergestelltes Spielzeug.

*Ein Leben ohne*
*Bewegung wäre*
*unmöglich.*

Das Baby spürt aufgrund eigener Bewegungen seinen Körper, es orientiert sich und beginnt seine Entdeckungsreise. Bewegung ist die Voraussetzung für sein Lernen. Damit das Kind sich uneingeschränkt bewegen kann, braucht es Platz und Freiraum. Der Fußboden wird zum Lieblingsterritorium Ihres Babys. In der Wippe ist das Baby in seinen Bewegungen eingeschränkt. Es kann sich weder strecken noch drehen. Ebenso ungünstig ist die Lage in der Autositzschale, die zum Autofahren unverzichtbar, zu Hause aber kein guter Aufenthaltsort für ein Baby ist.

### Wann sollen Babys sitzen?

*Die Sitzposition*
*macht Ihr Baby hilf-*
*los, solange es sich*
*noch nicht eigen-*
*ständig daraus*
*befreien kann.*

Solange sich Ihr Kind noch nicht allein hinsetzen kann – das tun die meisten Babys erst, nachdem sie das Krabbeln gelernt haben – sollten Sie es nicht setzen. Sonst wird seine Wirbelsäule belastet, Haltungsschäden können die Folge sein.

Wenn ein sitzendes Kind seine Position selbst nicht ändern kann, kommt es nicht an sein Spielzeug heran und ist darauf angewiesen, dass die Eltern es ihm bringen. Das ist für Eltern und Babys gleichermaßen anstrengend. Im Liegen dagegen hat das Baby durch vielfältige Bewegungen – Strecken, Drehen, Rollen, Kreiseln, Robben und Krabbeln – die Möglichkeit, selbstständig an das Spielzeug zu gelangen. Gönnen Sie ihm diesen Erfolg!

Wenn Ihr Kind sich selbst hinsetzen kann, ist es auch in der Lage, aus der Sitzposition schnell wieder in den Vierfüßlerstand zu wechseln, um sofort loszukrabbeln. Dann können Sie Ihr Baby zum Füttern in den Hochstuhl setzen, auch kürzere Fahrradtouren im Fahrradsitz sind jetzt möglich und geben Ihnen neue Freiräume.

# Das neue Leben zu dritt

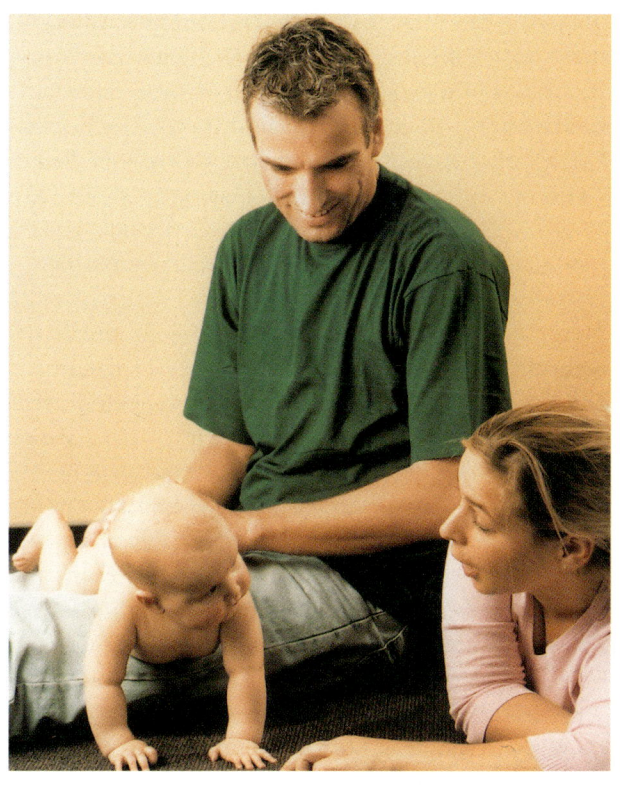

*Sicher haben Sie sich während der Schwangerschaft Gedanken darüber gemacht, wie das Leben zu dritt sein wird. Jetzt erfahren Sie: Ihr Baby hält Sie auf Trab!*

## Bindung – das unsichtbare Band zwischen Eltern und ihrem Kind

*Das Baby geht eine bedingungslose Bindung zu seinen Eltern ein.*

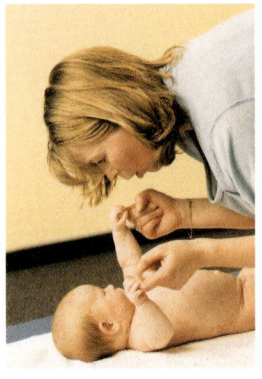

*Die Erfüllung der kindlichen Bedürfnisse fördert die Eigenständigkeit und Unabhängigkeit.*

Das Baby kommt mit dem instinktiven Verhalten zur Welt, sich an Menschen zu binden. Es wäre – allein gelassen – hilflos und ist deshalb von einer oder mehreren zuverlässigen Bezugsperson(en) abhängig. Mit seinem Verhalten fordert es Bindung heraus und hält diese auch aufrecht. Typische Verhaltensweisen des Babys gegenüber seiner Bezugsperson sind: Anschauen, Lächeln, Weinen, Rufen, Anklammern, Nachkrabbeln und Protest beim Verlassenwerden. Diese Verhaltensweisen entwickeln sich auf der ganzen Welt, in allen Kulturen, während des ersten Lebensjahres eines Kindes.

Jedes Kind ist in der Lage, sich an bis zu drei liebevolle Personen gleichzeitig zu binden. Wichtiger als die Zeit, die Kind und Bezugsperson miteinander verbringen, ist die Qualität ihrer Beziehung. Die feinfühlige Bezugsperson nimmt die Signale des Kindes wahr, interpretiert sie richtig und reagiert angemessen und prompt. Diese Feinfühligkeit unterscheidet sich deutlich vom Verwöhnen, wo dem Kind etwas abgenommen wird, was es selbst tun kann.

Beispiele für das Verwöhnen: Das Kind kann bereits festere Nahrung kauen, bekommt aber weiterhin Brei. Oder: Es kann durch Robben oder Krabbeln ein Spielzeug erreichen, aber die Mutter bringt es ihm.

Ein Kind, bei welchem die Bindungsbedürfnisse zuverlässig erfüllt wurden, ist selbstbewusst und neugierig. Es spürt nachhaltig die Sicherheit durch seine Eltern. Dazu ein Beispiel aus der PEKiP-Gruppe.

Eine Mutter fehlte zweimal mit ihrem Kind in der Gruppe; die Familie war verreist. Nun kommt sie mit ihrem zehn Monate alten Kind nach dieser Pause zum PEKiP und freut sich, dass ihr Kind wieder Kontakt zu Gleichaltrigen haben kann. Zunächst aber hängt das Kind an Mamas Bein. Es ist in der Fremdelphase, und nach dieser Pause erlebt es alles erst einmal neu und fremd. Keinen Zentimeter möchte das Baby von seiner Mutter weichen, es zieht sich an ihr hoch und kuschelt sich ein. Die Mutter lässt es geschehen, sie gibt ihm so viel Körperkontakt, wie es möchte, ermöglicht ihm aber, ab und an der

Gruppe einen Blick zuzuwerfen. Das Kind hat Gelegenheit, an seiner sicheren Basis in Form von Mama „aufzutanken", um dann selbst zu entscheiden, wann der Zeitpunkt gekommen ist, sich zu lösen. Nun krabbelt es los, auf die anderen Kinder zu. Dann hält es inne, dreht den Kopf zur Mutter und krabbelt zu ihr zurück. Es war ihm doch noch zu früh. Seine Mutter lässt es wieder zu sich, streichelt es und spricht mit ihm. Jetzt geht es ganz schnell. Das Kind krabbelt erneut los, und nun war der Zeitpunkt richtig. Auch beim Spielen schaut es ab und an zu seiner Mutter und vergewissert sich, ob sie noch da ist.

Was wäre geschehen, wenn die Mutter anders gehandelt hätte? Hätte sie die Bedürfnisse des Kindes nach Nähe und Körperkontakt nicht erfüllt, wäre genau das Gegenteil von dem, was sie sich wünschte, eingetroffen. Das Baby hätte sich aus Unsicherheit noch mehr an sie geklammert, denn die sichere Basis ist für das Baby eine Grundvoraussetzung, um neugierig zu sein und erkunden zu wollen. Somit lernt das Kind, die Balance zwischen den Bedürfnissen nach Nähe und Distanz zur Bezugsperson zu finden.

Untersuchungen des Psychologenpaars Karin und Klaus Grossmann zeigten, dass Kinder mit sechs und zehn Jahren etwa das gleiche Bindungsverhalten aufwiesen wie bereits mit einem Jahr. Bindung ist somit ein lebenslanges Thema. Eine sichere Bindung unterstützt im Erwachsenenalter die Fähigkeit, Freundschaften und Liebesbeziehungen einzugehen.

*Die Kompetenzen, die das Baby durch seine sichere Bindung an seine Eltern erwirbt, bleiben ihm auch im späteren Leben erhalten.*

### Der veränderte Alltag

Die erste Zeit ist eine große Umstellungsphase für alle Beteiligten. Als Frau haben Sie vielleicht den Beruf vorläufig aufgegeben; als Mann sind Sie während Ihrer Arbeitszeit „außen vor". Die Zweierbeziehung zwischen Mutter und Kind kann Ihnen dann schon einmal das Gefühl vermitteln, vom Geschehen ausgeschlossen zu sein. Das ist eine spürbare Veränderung in der Partnerschaft.

Es ist gar nicht einfach, Tätigkeiten ohne Unterbrechung durchzuführen. Vielleicht schläft Ihr Baby weniger, als Sie geglaubt haben. Wenn es viel weint, meinen Sie, rein gar nichts mehr zu schaffen. Mittags ist der Frühstückstisch noch gedeckt, und die Wäsche türmt

*Es tut gut, mit anderen Eltern ins Gespräch zu kommen und sich auszutauschen.*

sich; dabei haben Sie sich alles so einfach vorgestellt und sich auf das Baby gefreut.

Das „häusliche Chaos" für einige Zeit zu verlassen, kann wohltuend sein. Wenn Sie mögen, besuchen Sie eine PEKiP-Gruppe, in der Sie andere Eltern treffen werden, um diesen Austausch zu erhalten.

## Was tun, wenn das Baby anderer Meinung ist?

*Manchmal sind Babys Bedürfnisse nicht mit dem Tageslauf der Eltern vereinbar.*

Ein Beispiel: Das Baby liegt zufrieden auf der Decke und spielt, es ist jedoch Zeit, den großen Bruder vom Kindergarten abzuholen. Die Mutter sagt dem Baby: „Du spielst gerade schön, aber ich muss dich jetzt anziehen, damit wir zum Kindergarten fahren können. Wir müssen deinen Bruder pünktlich abholen, denn er ist traurig, wenn wir zu spät kommen." Das Baby schaut die Mutter aufmerksam an und freut sich auf ein gemeinsames Spiel. Stattdessen kommt das lästige Anziehen. Das gibt sofort Protest: Es möchte weder die Jacke noch die Mütze und schon gar nicht in den Autositz.

*Mit der Zeit kann das Kind Frustrationen besser aushalten und wartet ab, bis das angekündigte Spiel stattfindet.*

Solche Situationen sind unvermeidbar. Wenn Sie mit Ihrem Kind sprechen, wird es zunehmend auch die Zusammenhänge erkennen. Erzählen Sie ihm, dass Sie pünktlich beim Arzt erscheinen müssen und sich darauf freuen, nach dem Arztbesuch mit ihm zu spielen. Klar, dass Sie dieses Versprechen dann auch einlösen!

Wird Ihr Kind mobiler, mag es häufig nicht mehr auf dem Rücken liegen bleiben. Das Wickeln ist nur mit großer Mühe möglich. Meist hilft hier auch kein Ablenkungsmanöver mehr. Da kann es leicht passieren, dass Sie sich gegenseitig „hochschaukeln".

Versetzen Sie sich in die Lage Ihres Kindes: Ein Baby erlebt zwei Minuten als unendlich lang und kann es dann auch nicht ertragen, festgehalten zu werden, zumal es jetzt Bewegungsdrang hat und auch schon in der Lage ist, für sich zu entscheiden, wie es liegen möchte. Es kann dann nicht warten; es hat ein anderes Zeitgefühl. Allerdings können Sie zuversichtlich sein, das Kind erwirbt recht schnell die Fähigkeit zu akzeptieren, dass nicht alles sofort möglich ist.

Mit dem Baby zu sprechen ist oft hilfreicher als jegliches Ablenkungsmanöver. Beziehen Sie Ihr Baby bei allem, was Sie tun, mit ein; es ist dann aktiv beteiligt. Z. B.: „Ja, jetzt möchtest du dich rasch wieder auf den Bauch drehen und wegkrabbeln. Das ist auf dem Wickeltisch aber zu gefährlich. Ich mach dir schnell eine neue Windel, dann darfst du auf dem Boden weiterkrabbeln. Komm, hilf mal mit. Prima! Schau, nur noch die Hose, dann bist du fertig. Jetzt kommt dein Fuß noch in das Hosenbein … Nun haben wir es geschafft, du hast gut mitgeholfen!" Es kann bei aktiven Kindern auch Zeiten geben, in denen es sicherer ist, das Kind auf dem Fußboden zu wickeln, weil jede Höhe ein Risiko darstellt.

*Wenn Sie schon richtig sauer auf Ihr Kind sind, ist es oft besser, eine Pause zu machen und es später erneut zu versuchen.*

Ihr Kind spürt, wenn Sie seine Bedürfnisse ernst nehmen und diese verbalisieren. Damit rückt es aus der hilflosen Position in eine partnerschaftliche. Es versteht Ihr Handeln.

## Baby und Eltern – unterschiedliche Temperamente

Die Feststellung, dass Babys nicht gleich sind, wird Sie kaum erstaunen. Völlig normal entwickelte Babys können sehr lebhaft oder auch ruhig und bedächtig sein. Das Temperament des Babys wirkt sich auf die Erziehung aus, denn Eltern und die gesamte Umgebung gehen mit einem ruhigen Kind anders um als mit einem lebhaften. Es entsteht eine Wechselwirkung: Das Baby wirkt auf seine Umgebung, wird aber auch von ihr beeinflusst. Wie ist es aber, wenn das Baby ganz anders ist, als seine Eltern es sich vor der Geburt vorgestellt haben, oder wenn es ganz anders ist als Sie selbst?

*Diese kleinen Persönlichkeiten sehen vom ersten Tag an verschieden aus, reagieren unterschiedlich auf Reize, zeigen ganz eigene Bewegungsmuster und verfügen über individuelle Gefühle.*

Dazu ein Beispiel aus der PEKiP-Gruppe: Eine Mutter berichtet, dass ihre Tochter fast immer schläft, nachts manchmal vierzehn Stunden ohne Unterbrechung. Sie ist sehr besorgt, weil ihr Baby durch die häufigen Schlafzeiten nur drei Flaschen täglich trinkt. Obwohl sich das Baby gut entwickelt und während der Wachzeiten in der PEKiP-Gruppe zwar ruhig, jedoch sehr interessiert wirkt, bleiben die Sorgen der Mutter bestehen. Eine andere Mutter reagiert darauf sehr erstaunt, ihr Sohn wacht nachts alle zwei Stunden auf, schläft tagsüber sehr wenig und verbringt seine Wachzeiten mit viel Aktivität. Am Abend weint er viel und lässt sich nur schwer beruhigen. Die Mutter berichtet, dass sie sich Gedanken darüber macht, ob ihr Sohn hyperaktiv sein könnte.

Beide Kinder entwickeln sich völlig normal, jedes allerdings anders, als die Mutter sich vorgestellt hatte. Die aktive und lebhafte Mutter hat ein ruhiges Kind, das sie an ihren Aktivitäten hindert, weil sie es nicht immer wecken will. Die andere, eher ruhige Mutter, ist erschöpft und müde durch die kurzen Schlafzeiten ihres lebhaften und unruhigen Babys.

Die Mütter stellen durch die Schilderung ihrer Situation in der Gruppe fest: Dein Kind ist aus meiner Sicht völlig normal.

Das ruhige, scheinbar völlig anspruchslose Baby braucht ebenso Spielzeiten und -anregungen wie das lebhafte Kind, auch wenn es die Eltern dazu nicht ausdrücklich auffordert. Ein lebhaftes Kind braucht die Zeit und die Gelassenheit seiner Eltern, Anregungen bekommt es ohnehin genug, weil niemand sich seinem starken Aufforderungscharakter entziehen kann.

*Zwei Mütter machen sich Sorgen über ihre Babys. Eine, weil sie ein ruhiges Kind hat, die andere, weil ihr Kind zu lebhaft ist.*

Vielleicht entdecken Sie bei anderen Babys Fähigkeiten und Verhaltensweisen, die Sie sich für Ihr Baby wünschen würden. Vorsicht!

Sie erleben eine Momentaufnahme, wenn Sie das andere Baby

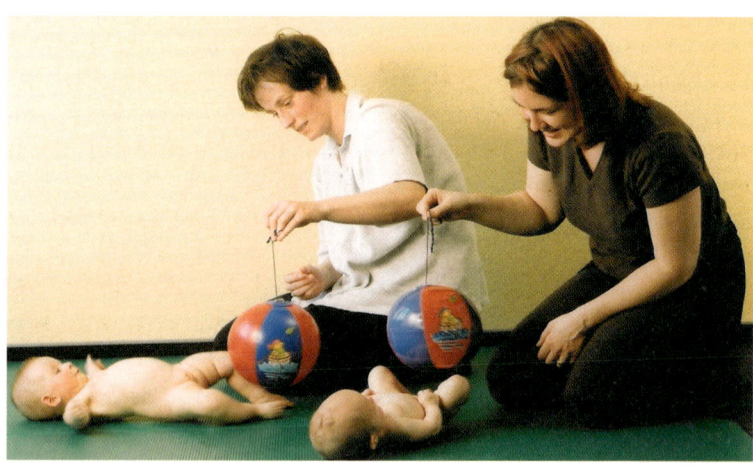

sehen. Zu Hause geht sicherlich dort auch nicht immer alles glatt. Das ist tröstlich und lässt Sie wieder auf Ihr Baby sehen, welches so einzigartig ist. Schauen Sie auf seine Fähigkeiten und Neigungen. Ihr Kind würde Widerstand leisten, wenn es Gewohnheiten annehmen soll, die nicht zu seinem Wesen passen. Sie werden überrascht sein, wie viel Sie von Ihrem Kind lernen, denn gerade wenn es ganz anders ist als Sie, wird das Zusammenleben umso bereichernder.

*Eltern erleben häufig in der Realität ihre Kinder anders, als sie sie „erträumt" haben.*

Auch Väter haben oft recht konkrete Vorstellungen von dem, wie ihr Kind sein sollte. Diese Vorstellungen gehen oftmals über das erste Lebensjahr hinaus, manchmal schon bis hin zur Bundesliga. Da müssen dann auch schon einmal Enttäuschungen überwunden werden, wenn das Kind vielleicht lieber Geige spielt.

## Väter, die besten Spielgefährten

Junge Väter haben heute kaum Vorbilder, an denen sie ihr Verhalten orientieren könnten. Sie hatten selbst meist „traditionelle" Väter und als Kinder oder Jugendliche kaum die Möglichkeit, ein Baby zu versorgen. So ist das eigene Baby häufig auch das erste Kind, zu dem sie so nah Kontakt haben.

*Väter fragen sich auch heute noch oft, wo denn wohl ihr Platz im Leben mit dem Kind/ den Kindern ist.*

Das Leben junger Väter wird heftig „umgekrempelt". Die Gesellschaft will den Vater, der viel Zeit für sein(e) Kind(er) hat, aber auch eine gute berufliche Position mit einem mehr als ausreichenden Einkommen vorweist. So viel kann niemand leisten.

Die neue Vätergeneration sucht nach Alternativen: Es gibt Teilzeit arbeitende Väter, Väter in der Elternzeit, Hausmänner, allein erziehende Väter und Tagesväter. Die Wahl ist nicht leicht, denn oft sprechen finanzielle Gründe dagegen, dass der Vater die Elternzeit wahrnimmt.

*Untersuchungen zeigen, dass der traditionelle Vater, der neun Stunden aus dem Haus ist, dennoch einen ebenso starken Einfluss auf das Kind ausübt wie die Mutter.*

Es kommt nicht auf die Menge der Zeit an, die ein Vater mit seinem Kind verbringt, sondern auf die Qualität. Die „neuen Väter" sind zärtlich und fürsorglich zu ihren Kindern und können ihre Gefühle offen zeigen. Die Kinder erleben ein anderes Vaterbild als ihre Eltern und können es gefestigt später weitergeben.

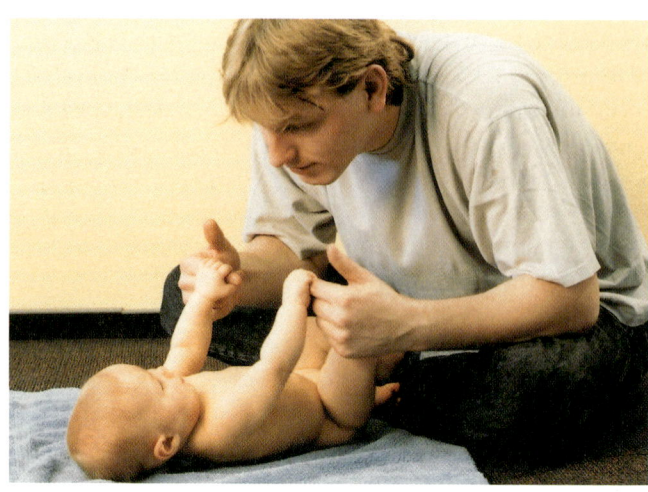

*Selbst körperlich reagieren Väter ebenso wie Mütter auf ihr schreiendes Baby.*

Die Väter knüpfen genauso starke emotionale Bindungen an ihre Babys wie die Mütter und sind im Umgang mit den Kindern ebenso kompetent. Auch bei ihnen steigen Herzschlag, Blutdruck und Hauttemperatur, wenn das Kind schreit. Die Kinderpflege durch die Mutter ist also kein Naturgesetz, obwohl sich dieses Vorurteil weiterhin hartnäckig hält. Leider verjagen nicht wenige Frauen ihre Männer durch Besserwisserei und ständige Kontrolle vom Wickeltisch. Aus Frust nehmen manche Väter Abstand vom Baby und warten auf die Zeit, wo das Kind älter ist. Das ist fatal, da die Eltern-Kind-Bindung im Säuglingsalter begründet wird und nur sehr schwer nachgeholt werden kann.

Väter gehen anders mit ihren Kindern um, besonders beim Spiel. Da liegt der Vater auf dem Boden, stemmt das Baby in die Luft und hat Spaß mit ihm. Väter benötigen für ihr Spiel mit dem Kind kaum Spielzeug: Sie bieten sich selbst als Spielpartner an, oft als „Klettergerüst". Mütter sind eher für das Füttern, Trösten und die vollen Windeln zuständig. Was sich hier wie ein altes Klischee anhört, ist nicht negativ, sondern zeigt, dass Väter und Mütter ihre biologischen Kompetenzen auf ganz unterschiedliche Weise nutzen. Das Kind neigt sich – je nach Situation – mal mehr dem Vater, mal mehr der Mutter zu. Zum Toben, Spielen und Spaßhaben geht es zum Vater und fordert diesen auch massiv durch Quietschen und Lachen dazu auf. Zum Trösten und Vorlesen bevorzugt es die Mutter.

*Wer kennt sie nicht: die wilden Vater-Tobe-Spiele!*

Das Psychologenteam um Karin Grossmann und Heinz Kindler von der Universität Regensburg untersuchte anhand von Videobändern die Feinfühligkeit von Vätern ihren Kindern gegenüber. Dabei entdeckten sie Erstaunliches: „Als Erwachsene reproduzieren die Kinder in ihren Beziehungen ziemlich genau jenes Verhalten, das die Väter ihnen gegenüber im Spiel gezeigt haben. Ist der Papa zugewandt gewesen, so sind es 22-jährige ihren Partnern gegenüber auch; sie vertrauen ihnen mehr, sind offener, emotional erfüllter und wenden sich öfter an Mitmenschen um Hilfe und Zuspruch." [1]

Das Kind erfährt im Kontakt mit dem Vater seine Möglichkeiten und Grenzen. Das väterliche Verhalten gibt dem Kind mehr Selbstvertrauen bei seinen Unternehmungen. Dauerhaft lernt es mit schwierigen Situationen umzugehen und sich nicht entmutigen zu lassen, wenn es einmal nicht so klappt.

Väter, die mit ihren Babys PEKiP-Gruppen besuchen wollen, haben mittlerweile gute Chancen. Einige Gruppenleiterinnen bieten PEKiP-Kurse zu "väterfreundlichen" Zeiten an: am späten Nachmittag oder samstags. Auch reine Väter-PEKiP-Gruppen gibt es inzwischen. Fragen Sie bei den Anbietern von PEKiP-Gruppen in Ihrer Stadt nach, die Nachfrage beeinflusst schließlich das Angebot.

*„Je sensibler der Vater sein Kleinkind behandelt, desto sicherer geht es als junger Erwachsener mit emotionalen Bindungen um."*

## Weinen – ein Alarmsignal des Babys

Kaum jemand kann sich einem weinenden Baby entziehen. Das Kind, das auf Unterstützung angewiesen ist, sichert sich dadurch nicht nur seine Nahrung, sondern auch den Kontakt zu seinen Eltern. Sein Weinen fordert sie auf, den Grund für sein Unbehagen herauszufinden. Doch das ist für die Eltern nicht immer einfach.

Es ist hilfreich, nicht nur das Weinen, sondern auch andere Merkmale zu beachten. Reibt es sich die Augen? Vielleicht ist es müde! Ist sein Bauch hart? Dann könnte Bauchweh die Ursache sein! Rudert es aufgeregt mit den Armen? Es könnte überreizt sein und keinen Schlaf finden! Hat es schon wieder Hunger, obwohl es eben gerade getrunken hat? Oder möchte es einfach nicht allein sein und braucht Ihre Nähe?

*Ein weinendes Baby möchte etwas „sagen". Lautstark teilt es seiner Umwelt seine Bedürfnisse mit und mobilisiert sie.*

1) Christoph Kucklick „Was Vatersein so besonders macht"
GEO 1/2001 S. 152

Sie können den Grund des Weinens am besten gemeinsam mit Ihrem Baby herausfinden. Je besser Sie es beobachten und kennen lernen, desto leichter werden Sie an der Art seines Schreiens hören, was ihm fehlt. Wenn Sie unmittelbar nach dem ersten Aufschrei reagieren, geht das noch schneller. Hat das Baby sich erst richtig „eingeschrien", ist es schwieriger herauszufinden, was es „sagen" will.

*Für das Baby ist es eine wichtige Erfahrung zu erleben, dass Sie sofort auf sein Weinen reagieren.*

Wenn Sie schnell reagieren, baut Ihr Kind Vertrauen zu Ihnen auf, es lernt: Meine Eltern sind für mich da, wenn ich sie brauche, ich kann mich auf sie verlassen. Es lernt aber auch, dass es verstanden wird, was wiederum dazu führt, dass es gar nicht so viel weinen muss.

*Das Baby weint nie, um Sie zu ärgern!*

Auch wenn das Baby einen Zusammenhang zwischen seinem Weinen und Ihrer Reaktion erkennt, wird es das Weinen niemals bewusst einsetzen, nur um Sie „auf Trab zu halten". Ein Baby ist zu solch einem „berechnenden" Verhalten noch nicht in der Lage.

## Babys mit Regulationsstörungen (Schreibabys)

Schreibabys – auch als *Babys mit Regulationsstörungen* bezeichnet – quengeln und schreien mindestens drei Wochen lang an mindestens drei Tagen in der Woche mindestens drei Stunden am Tag.

*Ihr Baby darf weinen, und Sie sind keine „schlechten" Eltern, wenn es nicht sofort wieder aufhört*

Das Baby fühlt sich hilflos und überfordert, es hat noch nicht herausgefunden, wie es sich selber beruhigen kann. Ihm fehlen Erfahrungen darüber, wie gut Saugen am Finger oder am Daumen tut und dass ein Schmusetuch oder ein Kuscheltier gute Tröster sind. Schon kleine Veränderungen im Tagesablauf können ein Baby mit Regulationsstörungen „aus der Bahn werfen". Vielleicht lässt es sich in einer fremden Umgebung nicht stillen oder füttern und schläft nur im eigenen Bett oder im Kinderwagen ein.

Wenn Sie ein solches Baby haben, fühlen Sie sich vielleicht isoliert, aber Sie sind nicht allein: Rund ein Viertel aller Eltern leiden unter dem exzessiven Schreien und Quengeln ihres Kindes.

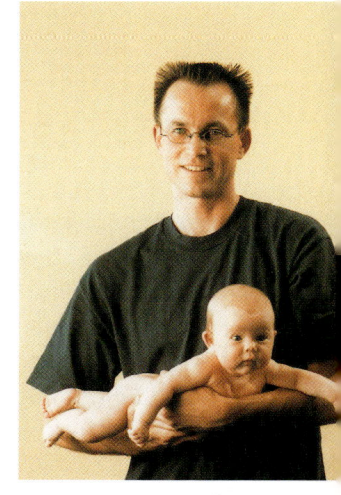

Die extreme Belastung lässt Eltern häufig in einen Teufelskreis geraten. Eine Veränderung der Lage auf dem Arm lässt das Kind kurz ruhig werden, doch dann geht das Schreien wieder von vorne los. Schläft das Baby irgendwann erschöpft ein, sind die Eltern ebenso erschöpft und fragen sich, warum es das Baby so schwer hat, obwohl sie so viel für das Kind tun.

Oft tun Eltern tatsächlich zu viel für ihr Kind. Zu schneller Wechsel der Tragehaltung kann das Baby zusätzlich irritieren. Es tut ihm gut, wenn es länger in einer Position bleibt und seine Eltern beruhigend mit ihm sprechen. Das ist jedoch leichter gesagt als getan, denn das schreiende Baby überträgt seine Anspannung auf die Eltern. Lässt sich der Teufelskreis nicht durchbrechen, ist es hilfreich, eine Beratungsstelle aufzusuchen. Adressen stehen auf S. 127.

Gerade wenn Sie mit einem Kind in einer solchen Situation sind, sollten Sie die Zeiten, in denen Ihr Baby ausgeglichen und spielbereit ist, genießen. Die PEKiP-Spiele sind ideal, um die Schreiphasen in den Hintergrund rücken zu lassen. Sie vermeiden eine Überreizung des Kindes, da sie auf ein Übermaß an Spielzeug, welches möglicherweise auch noch blinkt oder hupt, bewusst verzichten.

*Beruhigend kann das Tragen im Tragetuch wirken, s. S. 39-42.*

## PEKiP mit Zwillingen

Eltern mit Zwillingen sind „doppelt" gefordert. Sie werden sicherlich einige Zeit brauchen, um sich auf dieses Situation einzustellen. PEKiP ist auch mit Babys im „Doppelpack" möglich und sinnvoll. Vielleicht kennen Sie noch andere Zwillings-Eltern, mit denen Sie sich treffen können, oder Sie besuchen eine PEKiP-Gruppe. Bislang hatten Ihre zwei regen Kontakt zueinander, aber auch andere Kontakte sind wichtig.

Vor dem Besuch einer PEKiP-Gruppe sollten einige Fragen geklärt sein. Steht das, was Sie von der Gruppe bekommen können, im richtigen Verhältnis zum Aufwand, den Sie haben? Zwei Kinder zum Ausgehen fertig zu machen ist anstrengend. Sie sollten wissen, dass die

*Neben der Möglichkeit, Gespräche mit anderen Eltern zu führen, ist es auch spannend zu beobachten, wie Ihre Babys auf andere Kinder reagieren.*

31

Gruppenleiterin Ihnen kein Kind „abnehmen" kann. Falls Sie eine zweite Person mitnehmen, ist es für Ihre Kinder und die Gruppe wichtig, dass es immer die gleiche Bezugsperson ist. Sind Sie während der Woche allein mit den Zwillingen, werden Sie wahrscheinlich auch zum PEKiP allein gehen. Das ist dann ganz o. k. Falls Sie in der Woche jedoch viel Unterstützung haben, wäre es auch denkbar, diese Bezugsperson zum PEKiP mitzunehmen.

*Unabhängig von einer Gruppe können Sie die PEKiP-Spiele, die Sie hier kennen lernen, zu Hause aufgreifen und praktizieren.*

Manche PEKiP-Gruppen werden zu Zeiten angeboten, die auch Vätern die Teilnahme ermöglichen. Nutzen Sie eine solche Gelegenheit, falls sie sich Ihnen bietet.

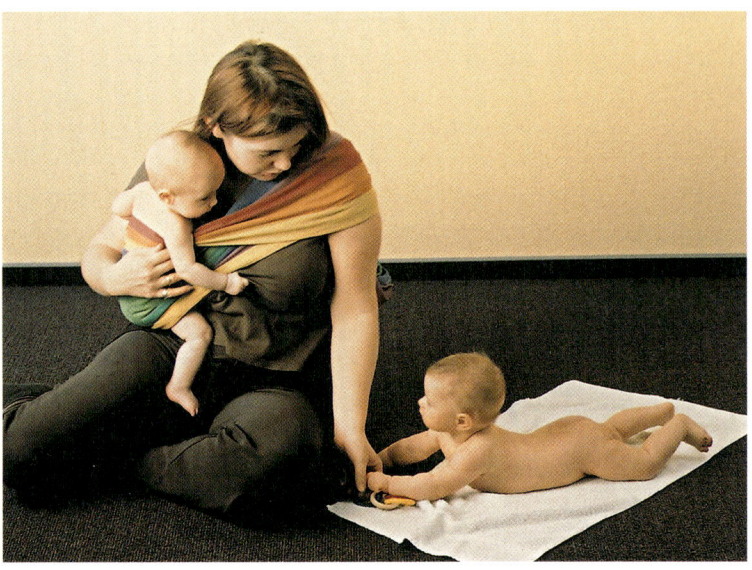

*Annabelle kann vom Tuch aus, gemeinsam mit ihrer Mutter, Pia beim Spielen zusehen.*

Bei manchen Spielen, die Sie zu Hause anbieten, wird ein Baby warten müssen, bis Sie das Spiel mit dem anderen beendet haben. Das kennen Zwillinge. Väter spielen meist gern mit, und gemeinsam können Sie sich uneingeschränkt beiden Kindern widmen.

# Frühgeborene

*Das fröhliche Kind auf unserem Foto ist fast sechs Monate alt.*

## Besondere Bedürfnisse der „frühen Babys"

*Nicht nur Sie, sondern auch Ihr Baby hat eine Reihe von Erfahrungen gemacht, die es erst einmal verarbeiten muss.*

Jetzt, wo Ihr Baby zu Hause ist, haben Sie endlich die Gelegenheit, es richtig kennen zu lernen. Sicher reagiert es oft anders als ein reif geborenes Baby und hat auch spezielle Bedürfnisse.

Frühgeborene

- brauchen viel Wärme, weil sie durch ihr geringes Fettgewebe schneller auskühlen;
- sind schneller irritiert, weil sie Reize nicht so schnell verarbeiten;
- können nur kürzere Zeit aufmerksam sein und brauchen dann wieder eine Pause;
- zeigen häufig verzögerte Bewegungsfreude;
- schreien häufiger und auch in höherer Tonlage;
- zeigen mehr Ein- und Durchschlafschwierigkeiten.

Diese Verhaltensweisen können, müssen aber nicht auftreten. Jedes früh geborene Kind hat seine individuelle Geschichte und reagiert dementsprechend anders. Wissen Sie um diese Dinge, so fällt es Ihnen leichter, darauf einzugehen und Ihr Baby zu unterstützen. Trauen Sie Ihrem Gefühl und tun Sie das, wonach Ihnen zumute ist.

*Widersprüchliche Gefühle? Das ist jetzt normal.*

Neben der Freude an Ihrem Kind und der überwältigenden Sorge um das kleine Wesen werden jetzt vielleicht Ängste in Ihnen wach, ob sich Ihr Kind auch gesund entwickelt. Möglicherweise haben Sie auch Schuldgefühle Ihrem Kind gegenüber. Sprechen Sie mit Ihrem Partner darüber. Es tut Ihnen beiden gut, wenn Sie einander zuhören und unterstützen. Vielleicht hilft Ihnen der Kontakt zu einer Frühgeborenen-Eltern-Gruppe (Adressen s. S. 127). Häufig wird auch in Kliniken mit Frühgeborenen-Station eine solche Gruppe aufgebaut.

## Tragen und Känguruhn

Die meisten früh geborenen Babys fühlen sich im Tragetuch wohl. Dort kann Ihr Baby die letzte Zeit der Schwangerschaft „nachholen", die es nicht im Mutterleib war. Viele Kliniken vermitteln inzwischen das so genannte Känguruhn, bei dem Frühgeborene mit direktem Hautkontakt, aber gut zugedeckt, auf der Brust von Vater oder Mutter liegen. Es ist erwiesen, dass die Kinder dann besser selbst atmen und von der Sauerstoffzufuhr unabhängiger werden. Sie können auch zu Hause weiter känguruhn, wenn Sie und Ihr Kind sich dabei wohl fühlen.

*Geben Sie dem Geschwisterkind die Gelegenheit, das Känguruhn auszuprobieren; es wird stolz sein, wenn das Kleine mal auf seiner Brust liegen darf*

Geschwisterkinder haben ebenfalls eine schwere Zeit hinter sich. Sie spüren die elterlichen Ängste um das neue Familienmitglied und reagieren u. U. eifersüchtig, weil das Neue so viel Zeit beansprucht und ihm die Eltern weggenommen hat. Das Geschwisterkind muss sich jetzt langsam herantasten und eine Beziehung zu dem Neuankömmling aufbauen.

## Früh geborene Zwillinge

Wenn Ihre Babys zu früh geboren sind, auf der Intensivstation liegen oder gar beatmet werden, leiden Sie doppelt, weil Sie sich gleich um zwei Kinder sorgen. Auch die Versorgung von zwei Babys in der Klinik ist anstrengend, denn in den meisten Kliniken werden Eltern bei der Versorgung der Kinder schnellstmöglich beteiligt. Väter sind hier gern gesehen und sollten die Möglichkeit nutzen, um mit den Babys vertraut zu werden, indem sie die Babys streicheln, ihnen etwas erzählen oder sie auf Ihrer Brust „känguruhn" lassen.

*Zwillinge haben es oft eiliger, auf die Welt zu kommen.*

## PEKiP mit Ihrem früh geborenen Baby

Bis jetzt hatte Ihr Frühgeborenes einen Sonderstatus in der Familie. Das ist ganz verständlich, aber mit der Zeit möchte Ihr Baby als „normales" Familienmitglied integriert werden.

*Ihr Kind braucht eine anregende Umwelt und wird sich freuen, wenn Sie mit ihm spielen.*

Bei den PEKiP-Spielen haben Sie die Gelegenheit, Ihr Kind unbeschwert zu genießen. Im direkten Spiel und Kontakt zu Ihrem Baby erleben Sie, was es schon kann, was es möchte und wann es genug vom Spielen hat. Lassen Sie ihm Zeit! Bei früh geborenen Babys ist

*Ihr Baby hat das Recht, noch etwas nachzuholen, bitte berücksichtigen Sie dies bei den PEKiP-Spielen.*

es nötig, das Lebensalter gedanklich zu korrigieren. Eine gute Richtlinie ist der errechnete Geburtstermin.

Seien Sie nicht enttäuscht, wenn Ihr Baby zunächst nur kurz Blickkontakt zu Ihnen hält, es wird Sie nach und nach immer länger anschauen. Prüfen Sie, wie viel Wärme Ihr Kind beim Spielen benötigt. Mag es nackt sein? Manche Frühgeborene sind schnell überreizt, wenn sie ganz ausgezogen werden. Sie müssen sich erst langsam an den intensiven Hautkontakt gewöhnen oder verbinden mit dem Nacktsein unangenehme Erlebnisse wie Infusionen, Untersuchungen etc. Fühlt Ihr Baby sich zunächst geschützter, wenn es noch einen Body anhat, dann darf es den natürlich anbehalten. Achten Sie jedoch darauf, dass es beim Spielen keinen langärmeligen Body trägt. Der Rand des Ärmels reicht oft bis in die Handinnenflächen und löst beim Baby den angeborenen Greifreflex aus. Dadurch ballt das Baby seine Hand zur Faust, und andere Handbewegungen sind nicht möglich.

Mit Ihrem früh geborenen Baby können Sie selbstverständlich auch eine PEKiP-Gruppe besuchen. Falls Ihr Kind Physiotherapie oder eine andere nötige Therapie bekommt, empfinden Sie den PEKiP-Kurs vielleicht als besonders angenehm. Hier können Sie mit Ihrem Kind in Ruhe spielen, ohne ein bestimmtes Ziel zu verfolgen.

## Babys mit Behinderungen in PEKiP-Gruppen

*Frühfördermaßnahmen oder andere vom Arzt verordnete Therapien haben immer Vorrang vor der PEKiP-Gruppe, die allerdings eine wertvolle Ergänzung zu den Therapien sein kann.*

Wenn Ihr Kind behindert oder von Behinderung bedroht ist, können Sie meistens – nach Absprache mit der PEKiP-Gruppenleiterin – an einer Gruppe teilnehmen. Die PEKiP-Gruppe ersetzt keine Therapie, aber Ihr Kind kann dort tun, was ihm Spaß macht, und andere Kinder kennenlernen, während Sie sich mit anderen Eltern austauschen.

Damit Sie sich mit Ihrem Baby in der PEKiP-Gruppe wohl fühlen, wäre es empfehlenswert, auch hier vom errechneten Geburtstermin Ihres Kindes auszugehen. Ein vergleichbarer Entwicklungsstand wie die anderen Babys erleichtert den Kindern auch die gegenseitige Kontaktaufnahme. Es ist günstig, wenn Sie vorher mit der Gruppenleiterin sprechen, um die geeignete Gruppe für sich und Ihr Kind zu finden.

# Was ist PEKiP?

*Ein Wissenschaftler spielt mit Babys, eine Psychologin bezieht die isolierten jungen Eltern mit ein – so entsteht eine Bewegung, die heute unzähligen Babys zugute kommt.*

## Es begann in Prag

Dr. Jaroslav Koch (1910–1979), Psychologe am Institut für Mutter und Kind in Prag, entwickelte Spiel- und Bewegungsanregungen, die später immer in die Interaktion zwischen Kind und Bezugsperson eingebettet wurden. Ihm ging es darum, die Kinder „in ihrer Ganzheit zu entfalten, ihre Sinne, ihr Spielverhalten, ihr Denken, ihr Sprechen, ihre Gefühle, ihre Verhaltensweisen, das Sammeln von Lebenserfahrungen und vieles mehr".

Er selbst spielte täglich 30–60 Minuten mit Heimkindern und stellte fest, dass diese Babys sich in jeder Hinsicht besser entwickelten als andere, mit denen niemand spielte. Sie zeigten einen regelmäßigeren Schlaf-Wachrhythmus, eine ausgeglichene, fröhliche Stimmung und waren seltener krank.

Dr. Koch formulierte seine Erkenntnisse schon in den 60er Jahren, einer Zeit, in der selbst Wissenschaftler noch wenig von den Fähigkeiten von Babys wussten. Babys können Erstaunliches, wenn sie nur die Möglichkeit bekommen. Und sie können es besser, wenn sie nackt sind, stellte Dr. Koch fest. Dann sind sie spontaner, bewegen sich häufiger und zeigen die größere Aktivität.

*Eine Psychologin
knüpft die
Verbindung zu
den Eltern.*

Die deutsche Psychologin Prof. Dr. Christa Ruppelt (1939–2001) erlebte Koch erstmals auf dem Kongress der Deutschen Gesellschaft für Psychologie in Wien. Sie hatte bei ihrer Tätigkeit in einer Erziehungsberatungsstelle erlebt, wie isoliert junge Familien mit ihren Kindern sind.

Um Kochs Ideen zu verbreiten und zugleich den jungen Eltern Kontakte zu bieten, entwickelte sie, zusammen mit einer Gruppe von Sozialpädagoginnen, Sozialarbeiterinnen und Pädagoginnen, 1973 ein gruppenpädagogisches Konzept, das 1978 den Namen „Prager-Eltern-Kind-Programm" erhielt – abgekürzt PEKiP. Die neue Form der Gruppenarbeit wurde von den Eltern so gut angenommen, dass die Nachfrage schnell das Angebot überstieg und pädagogische Fachkräfte zu zertifizierten PEKiP-Gruppenleitern (-innen) fortgebildet wurden (Informationen zur Fortbildung erhalten Sie beim PEKiP. e.V. s. S. 127).

Die Ziele des PEKiP sind:

1. Die Beziehung zwischen Eltern und ihrem Kind wird gestärkt.
2. Das Kind wird durch die Spiel- und Bewegungsanregungen in seiner Entwicklung begleitet und unterstützt.
3. Kontakte und Erfahrungsaustausch zwischen den Eltern werden gefördert.
4. Dem Kind werden erste Kontakte zu gleichaltrigen Babys, aber auch zu den anderen Erwachsenen in der Gruppe ermöglicht.

## Tragen – der intensive Kontakt

In den PEKiP-Gruppen wird das Tragetuch von der Gruppenleiterin vorgestellt und erklärt. Fragen zum Tragen und zum Tragetuch können Sie während der PEKiP-Gruppenstunde mit der PEKiP-Gruppenleiterin besprechen.

*Tragetuch und PEKiP*

Ein Baby, das getragen wird, erfährt Nähe und Geborgenheit. Es ist zufrieden, weil es am Geschehen der Eltern beteiligt ist, es sieht und hört mehr als in seinem Bett. Es spürt die Kleidung seiner Eltern, riecht die Eltern und passt sich aktiv den elterlichen Bewegungen an. Beim Ausgleichen der Lageveränderungen aktiviert es seinen schon bei der Geburt gut ausgebildeten Gleichgewichtssinn.

Ein auf dem Rücken liegender Säugling spreizt die Beine instinktiv. Er geht in die Anhockhaltung und spreizt die Beine genauso, wie es nötig ist, wenn es von seiner Mutter auf der Hüfte getragen wird. So aktiv sind Babys beim Tragen beteiligt.

*Babys sind Traglinge und keine Lieglinge.*

Sie können Ihr Kind so oft und so lange tragen, wie Sie beide sich dabei wohl fühlen. Je früher Sie mit dem Tragen beginnen, desto leichter wird es Ihnen fallen, denn Ihr Körper gewöhnt sich an das zunehmende Gewicht.

*Tragen von Frühgeborenen.*

Bei früh geborenen Babys bewirkt Tragen oft Erstaunliches: Das Tragen gibt ihnen die Bewegungs- und Gleichgewichtsanregungen und damit genau die Reize, die ihnen im Inkubator fehlten. Sie entwickeln sich wesentlich besser als im bewegungslosen Liegen (s. S. 34).

## Tragen im Tuch

*Sie haben Ihre Hände frei für andere Tätigkeiten, und Ihr Kind schaut Ihnen dabei zu.*

Das Tragetuch ist eine große Entlastung, wenn Sie Ihr Baby viel tragen. Mit dem zufriedenen Kind im Tuch lässt sich der Haushalt besser organisieren als mit einem Baby auf der Krabbeldecke, dem sie sich öfter widmen müssen. Auch das Einkaufen sowie Bus- und Bahnfahrten und holprige Waldwege sind mit dem Kind im Tuch leichter zu bewältigen.

Im Tragetuch bekommt Ihr Baby genau die Spreizstellung seiner Beine, die eine gesunde Hüftentwicklung fördert. Ihr Kind kann bis weit in das zweite Lebensjahr hinein im Tuch getragen werden. Auch wenn es bereits läuft und zwischendurch einmal ausruhen will, ist das Tragetuch schnell zur Hand und leichter mitzunehmen als ein Buggy.

Achten Sie darauf, dass der Stoff des Tuches querelastisch ist, damit Ihr Baby optimal gestützt wird. Zudem sollte es farbecht sein und keine giftigen Stoffe enthalten.

*Sie können das Tragetuch je nach Alter und Entwicklungsstand unterschiedlich binden.*

Beim Hüftsitz (s. das Zwillingsfoto auf S. 32) und in der Kreuzbauchtrage (s. S. 41) spreizt Ihr Kind seine Beine am günstigsten. Das ist besonders empfehlenswert. Probieren Sie aus, was Ihnen und Ihrem Kind am meisten zusagt. Achten Sie beim Kauf darauf, dass unterschiedliche Bindetechniken auch unterschiedliche Tuchlängen erfordern.

## Tragehilfen

*Tragesack, Bauchtrage & Co.*

Andere Tragehilfen ermöglichen leider nicht immer die notwendige Spreiz-Anhockhaltung und sind auch nicht so variabel einsetzbar wie ein Tragetuch, welches auch als Decke oder Wickelunterlage dienen kann. Falls Sie mit einem Tragetuch nicht klar kommen und eine Tragehilfe kaufen wollen, achten Sie darauf, wie Ihr Kind darin gestützt ist und ob es seine Beine mindestens im rechten Winkel angehockt halten kann.

*Es gibt gewaltige Qualitätsunterschiede!*

Bei diesen Modellen braucht auch der Kopf des Babys Halt, damit er nicht nach hinten oder zur Seite fällt. Die Tragehilfe soll verstellbar sein, damit sie „mitwachsen" kann. Weder bei Ihrem Baby noch bei Ihnen dürfen Bänder oder Schnallen drücken.

Bei der Kreuzbauchtrage brauchen Sie ein Tuch von mindestens 4,60 m Länge. Sie beginnen, indem Sie die Mitte des Tuches quer über Ihre Brust legen und die beiden Enden hinter den Rücken.

Dort kreuzen Sie beide Tuchbahnen in Höhe der Schulterblätter. Ohne sie in sich zu verdrehen, führen Sie die Bahnen über Ihre Schultern bis vor den Oberkörper. Damit das Tuch eng am Körper anliegt, ziehen Sie bitte die Tuchränder nach.

*Die Kreuzbauchtrage ist nur eine von vielen Möglichkeiten. Sie eignet sich für große und kleine Kinder und besonders für die kalte Jahrszeit.*

Nun legen Sie Ihr Kind auf eine Ihrer Schultern und führen Sie es mit den Beinche voran in das Tuch. Das Tuch soll Po und Oberkörper des Kindes umschließen. Dann nehmen Sie die Beinchen Ihres Kindes und spreizen diese leicht über Ihrem Bauch.

Halten Sie Ihr Kind und kreuzen Sie die Tuchbahnen unter dem Po des Kindes. Von dort führen Sie die Bahnen unter den gespreizten Beinchen bis zur Taille oder hinter Ihren Rücken. Dort verknoten Sie die Tuchenden mit einem Doppelknoten.

*Bindeanleitungen und Tragetücher bei: bebina GmbH, s. S. 127.*

Fächern Sie nacheinander die gekreuzten Tuchbahnen über den Po, bis in die Kniekehlen und dann über den Oberkörper des Kindes. Bei kleinen Kindern sollte eine der Stoffbahnen das Köpfchen stützen.

Prüfen Sie, wie der Rücken Ihres Babys gestützt wird. Es sollte immer einen „runden Rücken" haben und keinesfalls mit dem Gesicht nach vorn getragen werden. Es braucht den Blickkontakt zu einer vertrauten Person, sonst kann es sich unangenehmen Eindrücken nicht entziehen. Auch Sie müssen das Baby ansehen können.

*Rückentragen sollten erst am Ende des ersten Lebensjahres eingesetzt werden.*

Schauen Sie auch danach, ob das Kind in der Trage einschlafen kann, ohne zur Seite zu fallen. Lassen Sie Ihr Kind ausgiebig „Probe sitzen", bevor Sie sich entscheiden.

## Baby-Freundschaften

In jeder PEKiP-Gruppe können Sie sich überzeugen, wie bereits drei Monate alte Babys aufeinander reagieren und sich intensiv anschauen. Werden sie älter, strecken sie die Arme aus, um die anderen Kinder anfassen zu können, wenn diese in ihre Reichweite gelangen. Besonders bei den krabbelnden Kindern lässt sich gut beobachten, welche Babys häufig miteinander zu tun haben. Am Ende des PEKiP-Jahres haben die Kinder dann Spielformen miteinander gefunden, z. B. Spielzeug im gegenseitigen Wechsel zu geben und zu nehmen. Kinder lernen voneinander. Das erste krabbelnde Kind wird interessiert von allen anderen Babys beäugt, sie versuchen es ihm nachzumachen.

*Babys haben ausgesprochene Sympathien und handeln danach – von Anfang an.*

Prof. Dr. Hans Ruppelt (1935 -1987), Sozialwissenschaftler an der Gesamthochschule Wuppertal, führte Untersuchungen zum Kontaktverhalten von Kleinstkindern durch. Er konnte nachweisen, was die Praxis von PEKiP zeigt: dass Kinder bereits in ihren ersten Lebensmonaten gegenüber Gleichaltrigen sozial orientiert sind und ihr Verhalten aufeinander abstimmen, indem sie sich anlächeln oder die Laute des anderen Babys nachahmen. Seiner Forschung zufolge „gehen" Kinder kontaktfreudig aufeinander zu, wenn sie sich in einer bekannten Umgebung mit vertrauten Personen wohl fühlen und sicher sein können, jederzeit dahin zurückkehren zu können.

*Drei Babys im Alter von fünf Monaten in der PEKiP-Gruppe.*
*Um Kontakte zu knüpfen, brauchen die Kinder nur sich selbst.*
*Spielzeug ist unnötig.*

## PEKiP-Gruppen in der Praxis

Ein PEKiP-Treffen dauert 90 Minuten; wobei das Aus- und Anziehen der Babys Bestandteil dieser Zeit ist. Die Babys im Kurs sind möglichst gleichaltrig, weil Babys im gleichen Alter leichter miteinander in Kontakt kommen. Auch haben die Eltern dann viele gemeinsame Gesprächsthemen.

Im günstigsten Fall sind die Babys zu Beginn der Gruppe 4–6 Wochen alt. Sie können schon Bewegungsanregungen, Berührungen und verschiedene Formen des Gehaltenwerdens erleben, die ihnen gut tun. Ein späterer Beginn ist jedoch grundsätzlich möglich.

Ihr Baby sollte bis zum ersten Geburtstag in seiner PEKiP-Gruppe bleiben. Dort trifft es jede Woche die gleichen Babys und deren Eltern, das gibt ihm Sicherheit für die Kontaktaufnahme.

Die PEKiP-Gruppenleiterin zeigt den Eltern an einer Puppe ver-

*In jeder PEKiP-Gruppe treffen sich einmal wöchentlich sechs bis acht Mütter oder Väter mit ihren Babys und der Gruppenleiterin.*

43

*PEKiP soll Spaß sein – weder Training noch Übung. Damit die Kleinen nackt strampeln können, ist der PEKiP-Raum angenehm temperiert.*

schiedene Spiel- und Bewegungsanregungen, die zum Entwicklungsstand der einzelnen Babys in der Gruppe passen.

PEKiP will weder die Entwicklung der Babys beschleunigen noch kleine Sportler aus ihnen machen. Die Babys sollen Freude an den Spielen haben und sie ohne Druck und Zwang genießen können. Sie selbst gestalten den Spielverlauf – sie werden nicht passiv bewegt wie z. B. bei der Säuglingsgymnastik.

Ihr Befinden entscheidet über die Auswahl der Spielanregungen: Wenn die Eltern und die Gruppenleiterin sehen können, dass es lieber ruhig in der Rückenlage spielen bzw. munter in der Bauchlage agieren will, werden entsprechende Spiele angeboten. Müde Babys dürfen schlafen, hungrige werden gestillt oder gefüttert. Schlaf- und Fütterzeiten der Kinder werden dann zu intensiven Gesprächszeiten der Eltern.

Außer den wöchentlichen Gruppentreffen bieten einige Gruppenleiterinnen auch Gesprächselternabende an, um bestimmte Themen zu vertiefen.

Beim PEKiP e.V. –Adresse im Anhang- können Sie sich informieren, wo ein für Sie erreichbarer PEKiP-Kurs angeboten wird. Sie können die Entwicklung Ihres Kindes auch zu Hause durch die Tipps unterstützen, die Sie in diesem Buch finden. Falls Sie Kontakt zu einer anderen Mutter/einem anderen Vater und ihrem /seinem Baby haben, können Sie die Spiele auch gemeinsam ausprobieren. Beobachten Sie dabei, wie die Kinder aufeinander reagieren.

## So macht das Spielen am meisten Spaß

*Welche Zeit ist geeignet?*

Manche Babys spielen gerne abends; dann kann auch der Vater mitspielen. Andere sind gerade am Morgen besonders wach und spielfreudig. Sicherlich zeigt Ihnen Ihr Kind, wann es spielen möchte, aber auch für Sie muss diese Zeit „passen". Haben Sie Ihre Spielzeit gefunden, ist es gut, sie möglichst regelmäßig beizubehalten. Ein Rhythmus erleichtert dem Baby die Anpassung an den familiären Tagesablauf.

Gut geeignet zum Spielen ist der Fußboden. Da kann sich das Baby gefahrlos bewegen und hat zudem viel Platz. Richtig genießen kann Ihr Kind die PEKiP-Spiele, wenn es ausgezogen ist. Sie haben sicher schon beobachtet, wie aktiv Ihr Baby auf dem Wickeltisch strampelt, sobald es die „lästige" Kleidung losgeworden ist.

Damit sich Ihr Baby wohl fühlt, bringen Sie die Raumtemperatur auf 25–27° C. Das Wärmebedürfnis kann sehr unterschiedlich sein. Ältere, sehr aktive Babys wollen es oft nicht so warm haben, während sehr junge und vor allem früh geborene Kinder (s. S. 34) meist viel Wärme benötigen. Sie werden merken, bei welcher Temperatur sich Ihr Kind wohl fühlt. In jedem Fall sollten auch Sie es sich mit leichter Kleidung angenehmer machen. Das Baby freut sich über jeden intensiven Hautkontakt.

*Nackte Babys sind meist zufriedener und bewegen sich mehr und spontaner.*

Günstig ist es, eine Decke auf den Boden zu legen, damit es richtig gemütlich wird. Achten Sie darauf, dass Sie Zugluft vermeiden. Eine vor die Tür gelegte zusammengerollte Decke löst häufig schon dieses Problem. Ihre Armbanduhr und Ihr Schmuck sollten vor dem Spiel mit dem Baby abgelegt werden.

Wie fühlt sich Ihr Kind jetzt? Ist es ausgeschlafen? Satt? Zufrieden? Die Bedürfnisse des Kindes sind wichtig, auch beim Spielen. Bekommt es Durst, sollte es trinken können, denn Durst kann den Spaß am Spiel verderben.

*Zwischen den Spielen braucht das Baby auch mal eine Pause.*

Babys, die gerade getrunken haben, spucken oft, wenn sie sich in der Bauchlage befinden. Dann empfehlen sich ruhigere Spiele oder Spiele in der Rückenlage. Es muss „verschnaufen" und sich ausruhen, vielleicht auf Ihren Beinen oder auch neben Ihnen liegend, Sie anschauend. Wenn Sie dann mit dem Baby Blickkontakt halten können, wird es sich besonders gut erholen können. Generell kommt es darauf an, eine gute Mischung aus anstrengenden (Bauchlage) und erholsamen (Rücken- und Seitlage-)Spielen anzubieten.

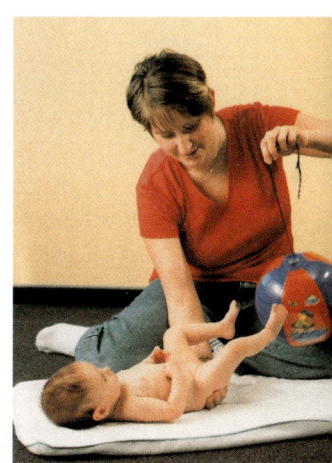

Ein sechs Wochen altes Baby berührt mit den Fußsohlen den Wasserball. (s. S. 59: *Mit Schwung gegen den Ball*). Es liegt in der Rückenlage. Durch den Widerstand an den Füßen wird das Baby angeregt, gegen den Wasserball zu treten (reflektorische Reaktion). Dieses Treten ist jedoch noch nicht koordiniert und manchmal auch noch zaghaft. Ein fünf Monate altes Baby kennt die Spielanregung mit dem Wasserball. Es wird gezielt nach dem Ball treten und ein neues Spiel kreieren, indem es den Ball umgreift und ihn an die Füße führt. (s. S.78: *Welch ein großes Ding!*).

*Wenn das Baby unruhig wird oder sich wegdreht, signalisiert es: Ich habe jetzt Ruhe nötig! Das Spiel ist dann beendet.*

Lieblingsspiele können sich nur herauskristallisieren, wenn sie mehrfach gespielt werden. Sie werden überrascht sein, wenn das gleiche Spiel plötzlich ganz anders verläuft, weil Ihr Kind es selbstständig variiert. Wie reagiert Ihr Kind? Freut es sich schon, wenn es den Ball sieht?

Babys zeigen, welche Spiele sie mögen und wann sie genug davon haben. Falls Ihr Baby sehr aufgeregt ist oder unkoordinierte Armbewegungen macht, könnte es auch signalisieren: Das war mir zuviel! Manche Kinder brauchen nur wenige Anreize; oft ist ein Spiel völlig ausreichend.

### Sprechen Sie zu Ihrem Kind!

*Ihr Kind wird sich bestärkt fühlen, wenn Sie mit ihm sprechen.*

Sagen Sie ihrem Baby ruhig, wie schön es den Kopf in der Bauchlage hält oder wie genau es einen Gegenstand mit den Augen verfolgt. Das Baby wird durch Ansprache in seinen Aktivitäten ermuntert und bekommt das nötige Vertrauen in seine Fähigkeiten.

Beachten Sie den Entwicklungsstand Ihres Babys und entscheiden Sie danach, ob das jeweilige Spiel geeignet ist. Die Angaben in diesem Buch sind nur eine grobe Orientierung.

Beim Spielen ist es wichtig, beide Körperseiten des Kindes gleichmäßig zu aktivieren. Versuchen Sie deshalb, Ihr Baby immer abwechselnd von beiden Seiten aufzunehmen und zu tragen.

### Der Schalengriff und seitliches Hochnehmen

*Bei vielen PEKiP-Spielen ist es nötig, dass Sie Ihr Baby im Schalengriff hochheben.*

Der Schalengriff gibt dem Baby während des gesamten ersten Lebensjahres einen sicheren Halt, er ist auch im täglichen Umgang hilfreich. So geht es: Ihrem auf dem Rücken liegenden Baby legen Sie Ihre Hände seitlich so um den Körper, dass sie eine breite „Schale" bilden. Dabei liegen Ihre Daumen auf Babys Brustkorb, die anderen Finger sind am Rücken des Babys. Sie halten Ihr Kind jetzt im Schalengriff.

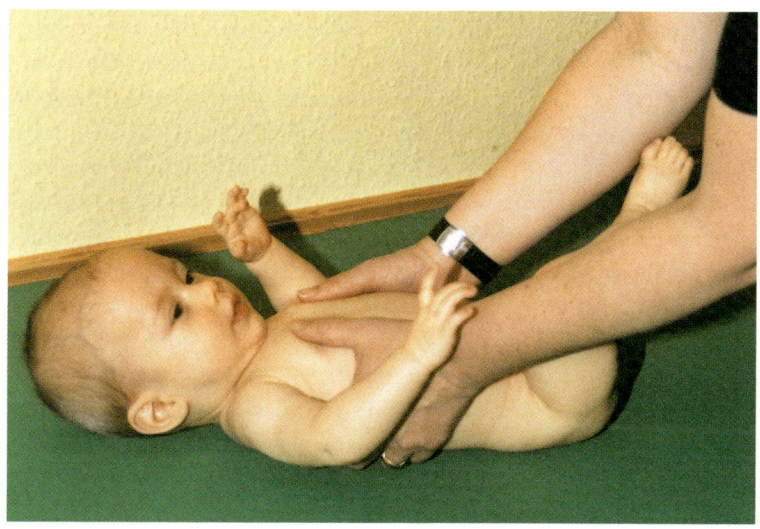

Wollen Sie Ihr Kind hochnehmen, drehen Sie es im Schalengriff zur Seite. Jetzt können Sie es langsam anheben, es wird in der Seitenlage angeregt, ohne Ihre Unterstützung seinen Kopf eigenständig zu halten. Sprechen Sie mit Ihrem Baby, es ist dann auf die Lageveränderung vorbereitet und kann sich darauf einstellen.

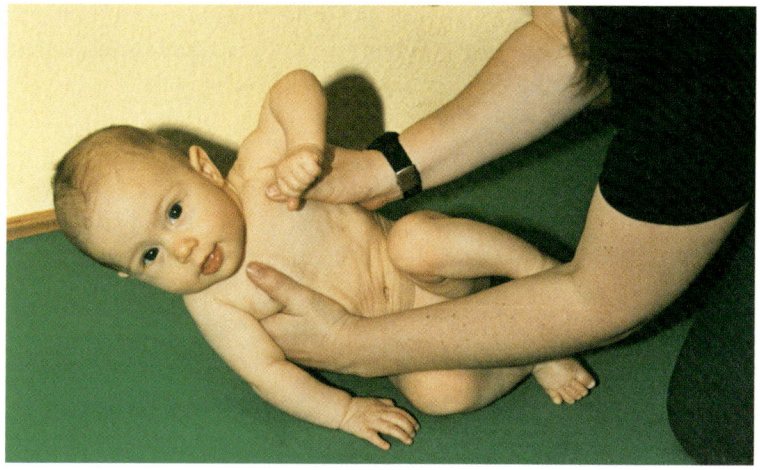

47

Ihr Baby lernt durch das seitliche Aufnehmen einen Bewegungs-ablauf kennen, der ihm später beim eigenständigen Aufstehen zugute kommen kann. Es erfährt, wie es über die Seite in die senkrechte Position gelangt. Aufstehen über die Seite ist auch für ältere Kinder und Erwachsene die gesündere, den Rücken schonende Variante.

*Mit dem seitlichen Ablegen bekommt Ihr Baby Sicherheit; es spürt vorzeitig, wann sein Kopf die Unterlage berührt.*

Beim Hinlegen geht es genauso: Sie legen Ihr Kind in der Seiten-lage wieder vorsichtig hin. Dabei berühren erst die Füße, dann Hüfte und Schulter und zuletzt Babys Kopf die Unterlage. Das seitliche Ablegen verhindert ein Erschrecken des Babys, welches den Moro-Reflex auslösen kann.

Versuchen Sie, Ihr Baby abwechselnd über beide Seiten hochzu-nehmen. Es lernt dann, seinen Kopf auf beiden Seiten zu halten. Falls es gerade zu einer Seite schaut – vielleicht sieht es da etwas Inter-essantes –, sollten Sie es auch über diese Seite hochnehmen. Wenn es immer die gleiche Seite bevorzugt, locken Sie es doch mal zur anderen, indem Sie Ihr Gesicht dorthin neigen oder ein Spielzeug dort hinhalten (s. S. 57: *Andere Dinge werden spannend*).

## Spielzeug für Babys?

*Hauptsächlich braucht das Baby Sie als seine Bezugs-person und seine/n Spielpartner/in.*

Durch Ihren einfühlsamen Umgang wird Ihr Kind mehr zur Bewe-gung angeregt als durch Spielzeug. Für die PEKiP-Spiele benötigen Sie nur wenige, einfache Spielzeuge und Gegenstände. Einige sind wahrscheinlich ohnehin in Ihrem Haushalt vorhanden.

# Ihr Baby in den ersten drei Monaten

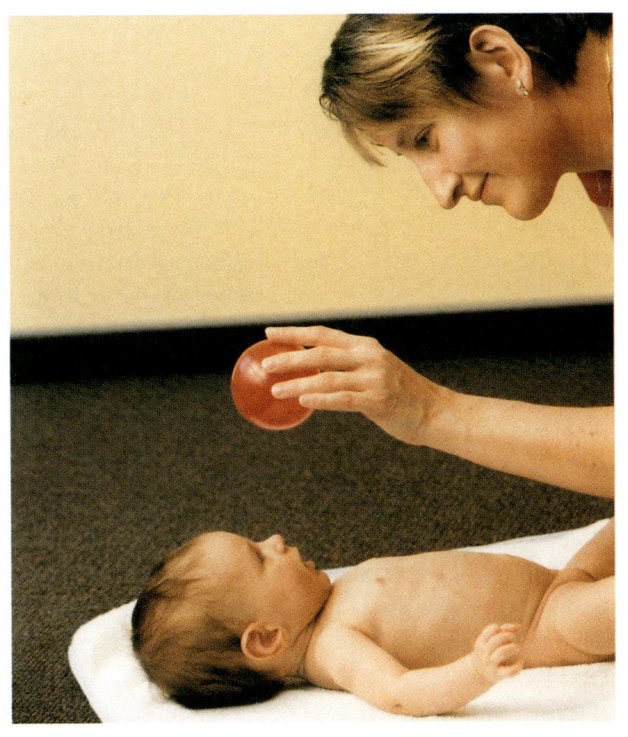

*Jedes Kind bringt eine „Grundausstattung" mit, um sein Überleben zu sichern und sich zu entwickeln. Mit der Zeit lernt es, seine Bewegungen zu kontrollieren und bewusst zu steuern.*

*Reflektorische Reaktionen sichern das Überleben.*

Bei einem neugeborenen Baby können Sie viele reflektorische Reaktionen beobachten. Es legt z. B. seinen Kopf zur Seite, damit seine Nase zum Atmen frei ist. Diese Bewegungsreaktion kann das Baby noch nicht willkürlich kontrollieren. Je wichtiger die reflektorische Bewegungsreaktion für den Schutz des Babys ist, desto automatischer erfolgt sie. Wenn das Baby älter wird, verlieren die reflektorischen Reaktionen ihren automatischen Charakter.

## Angeborene Bewegungsmuster – die Grundausstattung des Babys

*Such-, Saug- und Schluckreaktion*

Bereits wenige Minuten nach der Geburt zeigt ein gesundes Baby Interesse für seine Nahrungsquelle. Es reagiert mit der Suchreaktion. Wird es mit der Hand oder der Brustwarze der Mutter im Mundbereich oder an den Wangen berührt, wendet es seinen Kopf in Richtung der Nahrungsquelle und beginnt mit Saugbewegungen. Hat das Baby es geschafft und die Brustwarze im Mund, wird es rhythmisch saugen und schlucken. Die Such-, Saug- und Schluckreaktionen sind nicht nur zur Nahrungsaufnahme des Babys unentbehrlich, sie bilden auch eine wichtige Voraussetzung dafür, dass Ihr Kind sprechen lernen kann.

*Greifreaktionen an Händen und Füßen*

Wenn Sie Ihrem neugeborenen Baby Ihren Zeigefinger in seine Handinnenfläche legen, wird es seine Hand reflektorisch schließen und Ihren Finger umklammern. Im Laufe der nächsten Monate können Sie dann beobachten, wie der Greifreflex nach und nach von gezieltem Greifen abgelöst wird. Auch die Füße Ihres Babys reagieren mit Greifreaktionen, wenn Sie Ihren Zeigefinger an die Zehen des Babys halten.

*Rhythmisches Strampeln mit Armen und Beinen*

Das Baby strampelt mit seinen Armen und Beinen. Seine Bewegungen wirken zunächst noch unkontrolliert, gehen aber nach und nach in einen Rhythmus über, bei dem Arme und Beine sich wechselseitig beugen und strecken.

*Reflektorisches Kriechen*

Haben Sie schon einmal darüber gestaunt, dass Ihr auf dem Bauch liegendes Baby Kriechbewegungen macht und tatsächlich auch nach vorn kommt? Die Natur hat auch hier das Baby mit einer „Überlebenstechnik" ausgestattet. Liegt ein Neugeborenes auf dem Bauch seiner Mutter, schiebt es sich durch reflektorische Kriechbewegungen in Richtung der mütterlichen Brust. Völlig ohne Hilfe gelingt es ihm, die Brustwarze zu erreichen und in den Mund zu stecken.

Durch wechselseitiges Beugen und Strecken der Beine schiebt sich das Baby voran, oft bis es einen Widerstand am Kopf spürt. Lassen Sie es deshalb von Anfang an niemals unbeaufsichtigt auf dem Wickeltisch liegen! Dieses Bewegungsmuster (reflektorisches Kriechen) verschwindet allerdings schon nach einigen Lebenswochen.

Die so genannte Schreitreaktion ist ebenfalls angeboren. Wird das Baby aufrecht unter den Achseln gehalten, sodass seine Füße die Unterlage berühren, reagiert es mit Schreitbewegungen. Bitte lösen Sie diese Reaktion bei Ihrem Kind nicht aus. Der Kinderarzt wird es tun und so die frühkindlichen reflektorischen Bewegungsreaktionen prüfen. Die Schreitbewegungen verlieren sich in den ersten Lebensmonaten völlig. Für das Baby wird Stehen und Gehen erst wieder aktuell, wenn es sich selber aufrichtet. Dies geschieht erst im zweiten Lebenshalbjahr.

*Schreitreaktion*

Erschrickt das Baby durch ein starkes Geräusch oder eine plötzliche Lageveränderung, breitet es seine Arme und Beine weit auseinander, zieht diese aber meist ruckartig wieder an. Dieser Bewegungsablauf wird Moro-Reaktion genannt und sieht aus, als wolle das Baby mit seinen Armen und Beinen etwas umklammern. Mit zunehmender Kopfkontrolle nimmt auch die Moro-Reaktion ab; am Ende des ersten Halbjahres tritt sie dann nicht mehr in Erscheinung.

*Moro-Reaktion*

Weiterhin verfügt Ihr neugeborenes Baby über Einstell- und Aufrichtreaktionen. Bei Lageveränderung, z. B. beim Tragen, balanciert es seinen Kopf selbstständig aus. Dabei richtet das Baby den Kopf der Schwerkraft entgegen auf, eine enorme Leistung. Dieses Können nutzt es auch, wenn es in der Bauchlage sein Köpfchen von der Unterlage abhebt. Die Einstell- und Aufrichtreaktionen bleiben lebenslang erhalten, sie sind die Voraussetzung für das spätere Krabbeln und Laufen.

*Kopf-Balance*

## In der Rückenlage

*Das Baby übt unentwegt, sich zur Mitte hin auszurichten.*

Babys im ersten Lebensmonat liegen in der Rückenlage noch unsicher, asymmetrisch, wobei der Kopf zur Seite gedreht ist. Von Anfang an ist das Baby jedoch bestrebt, in eine sichere „Mittellage" zu gelangen. Den Kopf hält es dann gerade nach oben. Bis ihm die Ausrichtung gelingt, steckt es manchen Misserfolg weg, es kommt so manches Mal bei seinen Bemühungen aus dem Gleichgewicht. Zum Ende des dritten Monats hat das Baby es durch unermüdliches Ausprobieren geschafft. Es liegt nun stabil und sicher auf dem Rücken, jetzt kann es genau schauen, wenn Sie mit ihm sprechen. Da es nicht mehr seine ganze Aufmerksamkeit benötigt, um eine stabile Lage einzunehmen, ist es offen für neue Entdeckungen.

## Greifen und Tasten

*Es staunt, wenn es seine Hände sieht, und versucht, sie immer wieder in sein Blickfeld zu bringen.*

Im ersten Monat sind die Hände des Babys aufgrund der angeborenen Greifreaktion meist gefaustet. Sobald Ihr Kind seinen Kopf in die Mittelstellung seines Körpers bringen kann, sieht es Gegenstände deutlich und reagiert darauf mit Bewegungen der geöffneten Hände. Der gesamte Körper ist bei diesen Bewegungen beteiligt, die Greifbewegungen sind dadurch noch nicht genau und verfehlen auch schon einmal ihr Ziel. Am Ende des dritten Monats betrachtet das Baby seine geöffneten Hände und ist in der Lage, die Hände vor dem Körper zusammenzubringen, damit zu spielen und sie in den Mund zu stecken. Das Fausten wird in dieser Zeit immer seltener.

## Auf dem Bauch

Die Bauchlage ist für ein Neugeborenes eine instabile wackelige Angelegenheit. Die Arme liegen seitlich neben den Schultern, wobei die Händchen zu Fäusten geballt sind. Das Neugeborene kann aber den Kopf schon kurz anheben und zu beiden Seiten drehen. Die

*Sein Sichtfeld ist nunmehr erheblich erweitert, und es kann seine Welt aus einer neuen Perspektive betrachten.*

Beine sind stark gebeugt und das Becken des Babys ist von der Unterlage abgehoben. Es beugt und streckt seine Beine abwechselnd. Diese reflektorischen Kriechbewegungen ermöglichen dem Säugling Erfahrungen mit seinen Füßen und Zehen. Das Baby schiebt sich nach vorn, indem es die Füße fest in die Unterlage stemmt. Nach und nach gelingt es dem Baby den Kopf länger zu heben. Am Ende des dritten Monats schaffen es schon viele Babys, sich auf den Unterarmen, die jetzt vor den Schultern auf der Unterlage liegen, abzustützen. Bei der nun schon recht stabilen Lage liegt das Becken flach auf der Unterlage auf.

## Lächeln und Laute

Zunächst huscht ab und an ein leichtes Lächeln über das Gesicht des Kindes. Dieses Lächeln, auch Engelslächeln genannt, ist noch kein bewusstes, gesteuertes Lächeln, aber dennoch herrlich anzusehen. Im zweiten bis dritten Lebensmonat zeigt das Baby dann das erste bewusste Lächeln, auch „soziales Lächeln" genannt, weil es

*Das erste Lächeln ihres Babys ist für Eltern ein unvergesslicher Augenblick.*

53

im liebevollen Kontakt zur Bezugsperson steht. Das Baby bringt mit dem Lächeln Freude und Wohlbehagen zum Ausdruck, es erwidert die Zuneigung seiner Eltern.

Die erste Lautäußerung des Säuglings ist zunächst das Weinen (s. S. 29). Doch schon bald äußert sich das Baby auch mit Vokallauten, wie „a" oder „ä", bis es dann am Ende des dritten Monats auch aneinander gereihte r-Laute von sich gibt. Oft mit unermüdlicher Geduld bildet das Baby „r-Ketten", die sich manchmal auch wie Gurgeln anhören. Die ersten Kehllaute des Babys klingen wie: „e-che", „ek-che" und „e-rrhr".

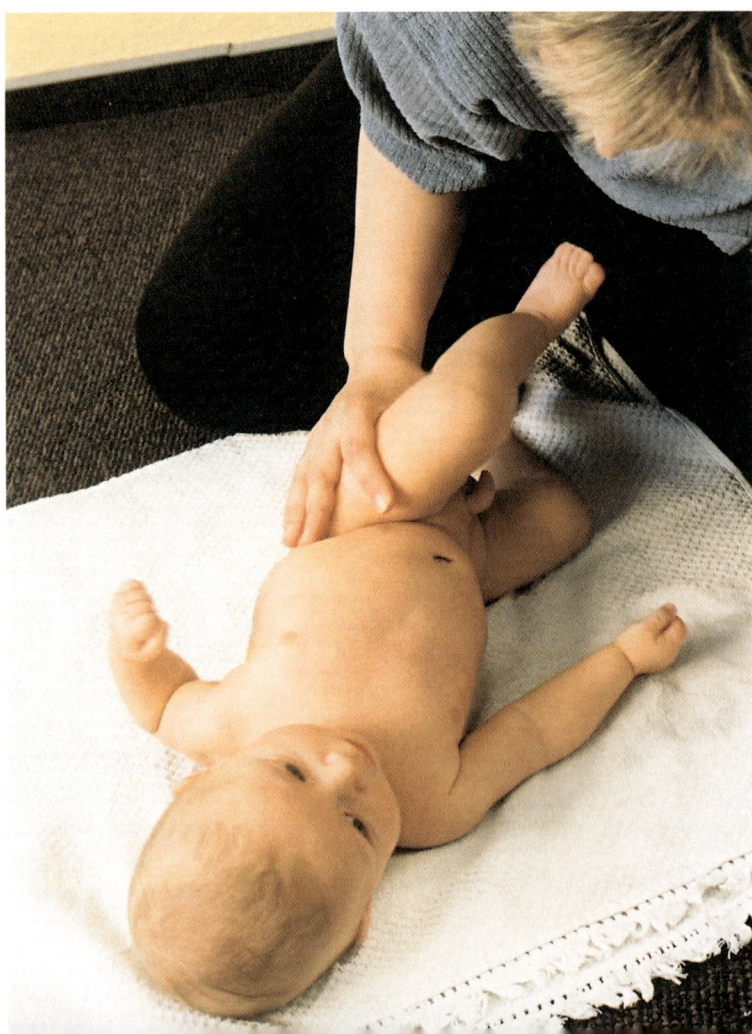

# Spiel- und Bewegungs-anregungen für das erste Vierteljahr

*Ein Wissenschaftler spielt mit Babys, eine Psychologin bezieht die isolierten jungen Eltern mit ein – so entsteht eine Bewegung, die heute unzähligen Babys zugute kommt.*

**Spielzeug und Gegenstände für die PEKiP-Spiele im ersten Vierteljahr**

- Wasserball (ca. 30 cm Durchmesser)
- roter Ball oder rotes Tuch
- Einige Greifspielzeuge (Greifringe, Rassel u. ä.)
- Handtuch
- Babydecke

*Ihr Baby versucht, Sie zu betrachten, wenn Sie es anlächeln oder mit ihm sprechen.*

Das Baby ist in den ersten drei Lebensmonaten damit beschäftigt, seine Umwelt sehend wahrzunehmen. Mit seiner ganzen Konzentration betrachtet es am liebsten die Gesichter seiner Eltern. Babys haben eine Vorliebe für menschliche Gesichter. Die Kontraste von Gesicht und Hintergrund sind für sie gut erkennbar. Die beweglichen Teile eines Gesichts – der Mund und die Augen – üben auf Säuglinge den stärksten Reiz aus.

## In der Rückenlage

**So kann das Baby genau sehen**

Ihrem auf dem Rücken liegenden Kind zeigen Sie Ihr Gesicht in einem Abstand von 20–25 cm. Dieser Abstand ist optimal, in dieser Entfernung sieht ihr Kind in den ersten drei Lebensmonaten am besten.

Wird es dem Baby zu anstrengend (am Anfang wird es nur kurz Blickkontakt halten) zeigt es dies, indem es sich abwendet. Es signalisiert: Jetzt ist eine Ruhepause nötig. Im Laufe der ersten drei Monate betrachtet das Baby Ihr Gesicht immer länger.

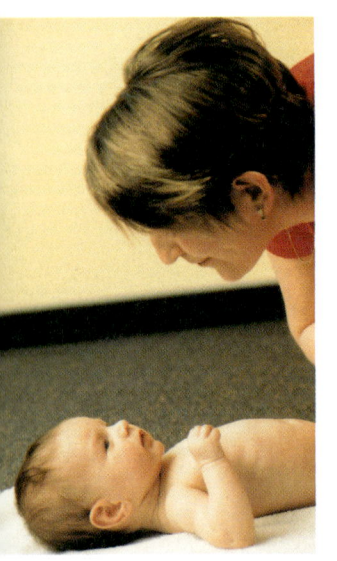

*Sophie hat innigen Blickkontakt zur Mutter.*

### Andere Dinge werden spannend

Im gleichen Abstand, in dem Sie Ihrem Baby Ihr Gesicht gezeigt haben, können Sie ihm nun auch das Tuch oder den Ball zeigen. Rote Gegenstände können von ihm am besten gesehen werden. Achten Sie darauf, dass der Ball keine Geräusche macht, Geräusche lenken das Kind ab.

### Augen in Aktion

Hat es den Gegenstand oder Ihr Gesicht gut im Blick? Bewegen Sie Ihr Gesicht oder den Gegenstand langsam zur Seite, führen Sie Ihre Bewegungen so langsam aus, dass Ihr Baby Ihnen oder dem Gegenstand mit den Augen gut folgen kann.

### Bewegung kommt ins Spiel

Sie können die Bewegungen Ihres Gesichtes oder des Gegenstandes zur Seite hin vergrößern. Ihr Baby bekommt dadurch die Möglichkeit, auch den Kopf weiter zu drehen, um Ihnen oder dem Gegenstand zu folgen.

### Wo ist das Spielzeug jetzt?

Es bewegt seinen Kopf auch nach unten (in Richtung der Füße), wenn es dort etwas Interessantes mit den Augen verfolgen kann. Das vorherige Spiel lässt sich abwandeln, indem Sie den Gegenstand langsam von „oben" (vom Kopf) nach „unten" (in Richtung der Füße) bewegen und wieder zurück. Diese Richtung ist für Ihr Baby neu und ungewohnt. Es darf sich die Zeit nehmen, die es benötigt. Stellen Sie sich auf das Tempo Ihres Kindes ein. Gegen Ende des ersten Vierteljahres mag es bestimmt, wenn Sie den Gegenstand über seinem Gesicht langsam kreisen lassen. Schauen Sie, wie Ihr Baby mit den Augen und dem Kopf dem Gegenstand folgt, es zeigt Ihnen dadurch, wie groß das Ausmaß des Kreises sein kann. Sie ermöglichen Ihrem Baby durch dieses Spiel, dass es seine Augen und seinen Kopf in alle Richtungen drehen kann.

*Sie benötigen einen roten Ball oder ein rotes Tuch.*

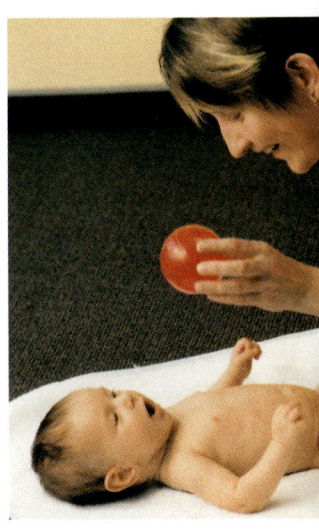

*Sophie ist erstaunt über den roten Ball; sie verfolgt den Ball mit einer Kopfdrehung. Die liebevolle Ansprache ihrer Mutter motiviert sie, den Blickkontakt zu halten.*

### Auf Mamas oder Papas Oberschenkel

*Machen Sie es sich auf dem Boden bequem. So haben Sie eine gute Liegefläche für Ihr Baby.*

Sie sitzen auf dem Boden. Eine Wand (mit Kissen noch angenehmer) oder ein Gymnastikball zum Anlehnen wären gut. Sitzen Sie bequem angelehnt, können Sie Ihre Beine etwas anwinkeln. Ihr Baby kann jetzt in Rückenlage auf Ihren Oberschenkeln liegen. Sein Kopf ruht dabei auf den Knien, seine Beine sind leicht angewinkelt.

Neben einer interessanten Liegeposition hat Ihr Kind ein gutes Sichtfeld. Sie können die vorher beschriebenen Spiele auch in dieser Position ausprobieren. In dieser Lage ist auch der Körperkontakt sehr intensiv. Vielleicht möchte Ihr Baby gestreichelt werden oder freut sich über eine „Unterhaltung" mit Ihnen.

*Zwiegespräche sind jederzeit willkommen.*

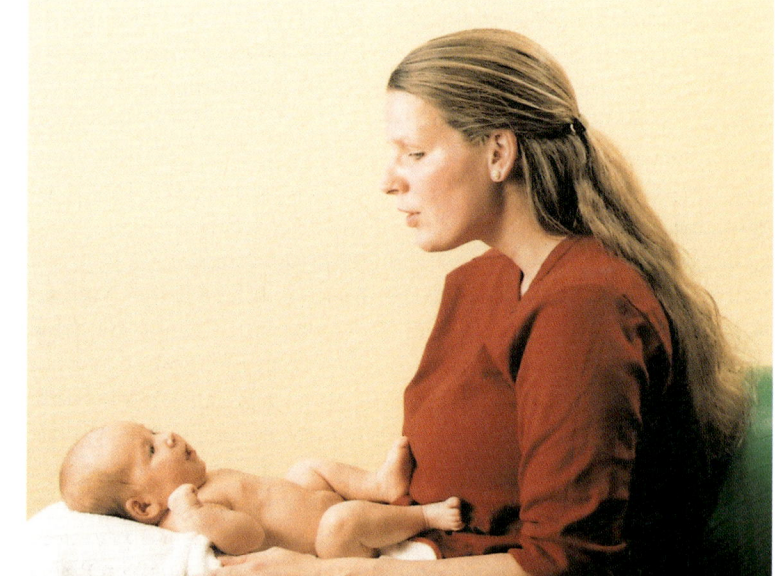

*Katharina liegt auf den Oberschenkeln ihrer Mutter, die sich zum Schutz ihrer Kleidung ein Handtuch über ihre Hose gelegt hat. Katharina kann in dieser Position gut Blickkontakt zu ihrer Mutter halten. Es entsteht ein „Zwiegespräch".*

Die meisten Babys lieben Schaukelbewegungen. Probieren Sie doch mal aus, wie Ihr Baby reagiert, wenn Sie Ihre Beine sanft nach links und rechts bewegen. Mag es das Schaukeln, wird es sich Ihren Bewegungen anpassen, indem es seinen Kopf der Lageveränderung entsprechend ausbalanciert.

*Sie passen sich mit Ihren Händen den Aktivitäten des Babys an.*

### Strampelfreude für die Füße

Liegt Ihr Baby auf dem Rücken, können Sie ihre Hände an seine Fußsohlen halten. Das Baby spürt einen Widerstand an seinen Füßen, wodurch es angeregt wird, seine Beine zu beugen und zu strecken. Bei diesen Bewegungen können Sie spüren, wie stark es seine Beine bewegt und welches Tempo es gern hat.

Die Strampelbewegungen des Babys beruhen zunächst noch auf reflektorischen Reaktionen, die durch den sanften Druck Ihrer Hände ausgelöst werden. Das Baby strampelt meist wechselseitig, d. h. im rhythmischen Wechsel von Beuge- und Streckbewegungen.

*Die wechselseitigen Bewegungen sind in der weiteren Entwicklung von Bedeutung fürs Robben, Krabbeln, Laufen und Klettern.*

### Mit Schwung gegen den Ball

Am Anfang erleichtern Sie Ihrem Kind das Kennenlernen des „riesigen" Balls, indem Sie den Ball von den Füßen her in sein Gesichtsfeld bringen.

Für dieses Spiel benötigen Sie den Wasserball, an dessen Ventil Sie ein kurzes Band befestigt haben. Ihrem auf dem Rücken liegenden Baby halten Sie nun den Ball an die Fußsohlen. Ist Ihr Baby erst wenige Wochen alt, kann es von Ihnen eine „Strampelhilfe" bekommen; Sie legen eine Hand unter den Po des Babys, damit es die Beine höher von der Unterlage abheben kann. Durch den Widerstand des Balles an seinen Füßen wird das Baby zunächst reflektorisch gegen den Ball treten; die Bewegungen sind jedoch noch nicht bewusst und gezielt. Erst nach dem dritten Lebensmonat gehen die unbewussten Bewegungen in eine gesteuerte Handlung über. Achten Sie jedoch immer darauf, dass das Kind den Ball mit den Fußsohlen berührt. So bekommt es den nötigen Kontakt zum Ball. Auf die „Strampelhilfe" durch Ihre unter dem Po des Kindes liegende Hand kann es nach dem dritten Lebensmonat verzichten.

*Wie reagiert Ihr Baby auf den Ball? Tritt es zaghaft oder schon heftiger?*

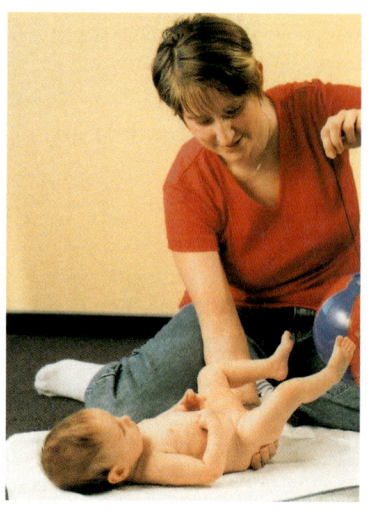

Das Baby zeigt Ihnen, wie es mit dem Ball spielen möchte. Vielleicht braucht es erst Zeit, um sich auf den Ball einzulassen und ihn zu spüren. Wenn Ihr Baby gegen den Ball tritt, können Sie beobachten, wie es die Beine wieder abwechselnd beugt und streckt (eine gute „Vorarbeit" für spätere Bewegungsabläufe).

Strampeln macht müde. Werden Babys Bewegungen langsamer, kann eine Pause angesagt sein.

*Sophie tritt mit Hilfe der Hand ihrer Mutter gegen den Wasserball. Dabei verfolgt sie interessiert mit den Augen, wie der Ball in Bewegung kommt.*

### Zehen in Bewegung

Sie können die Füße Ihres Babys zu Bewegungen anregen, indem Sie die Ferse mit Ihrem Finger berühren. Sicherlich spreizt es seine Zehen.

*Babyfüße sind wunderschön, und sie genießen die Bewegungsfreiheit.*

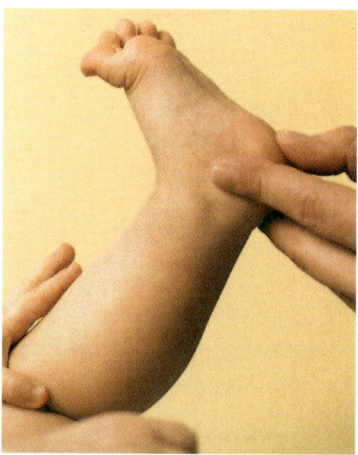
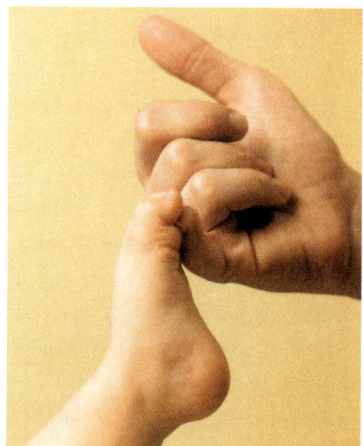

Probieren Sie auch aus, was passiert, wenn Sie die Zehen mit dem Finger berühren. Wahrscheinlich zieht das Baby seine Zehen jetzt zusammen.

Ermöglichen Sie Ihrem Baby häufig, ohne Socken zu strampeln und zu spielen. So spürt es mehr und kann seine Füße besser bewegen. Diese Bewegungsanregungen fördern die Durchblutung des Babys. Es bekommt wärmere Füße; eine wohltuende Wirkung, falls Ihr Kind zu kalten Füßen neigt.

### Streicheleinheiten für Babys Hände

In den ersten Lebenswochen und -monaten sind die Babyhände häufig gefaustet. Durch sanftes Streicheln an der Außenseite der Hand oder auf dem Handrücken können Sie Ihr Baby dazu anregen, seine Händchen zu öffnen. Es öffnet seine Hände oft nur kurz, um sie dann gleich wieder zur Faust zu schließen. Das ist in Ordnung so, auch durch das Öffnen und Schließen wird es in den Händen beweglich. Ihr Baby reagiert noch nicht bewusst, sondern aufgrund der angeborenen Handgreifreaktionen. Diese verlieren sich nach den ersten Lebenswochen.

*Hat Ihr Baby seine Hand geöffnet, können Sie ihm Ihren Finger in seine Hand legen, wahrscheinlich wird es seine Hand dann schließen und Ihren Finger umklammern.*

### Neue Fühlerfahrungen

Hat Ihr Kind seine Hände geöffnet, können Sie ihm Gegenstände aus unterschiedlichem Material anbieten. Das Baby schließt seine Hände und hält den Gegenstand fest, dabei macht es völlig neue „Fühlerfahrungen".

Um neue Oberflächen zu fühlen und zu erfassen, braucht Ihr Kind Zeit. Anfangs reicht es, wenn Sie ihm nur zwei Gegenstände nacheinander in die Hand legen.

*Sie benötigen ein Stück weichen Stoff, z. B. Nicki, ein Stück härteren Stoff, z. B. Jeans, eine dicke Kordel oder einen Holzring.*

### Erste Greifbewegungen

In einem Abstand von 20–30 cm können Sie Ihrem auf dem Rücken liegenden Baby das Spielzeug zeigen.

Zunächst fixiert Ihr Baby den Gegenstand, danach wird es vielleicht auch seine Arme und Beine bewegen. Versucht es schon, den Gegenstand zu erreichen? Die ersten Greifversuche sind noch spon-

*Sie benötigen ein kleines, gut greifbares Spielzeug.*

tan und unwillkürlich. Das Baby öffnet seine Hand und berührt zunächst zufällig den Gegenstand.

Am Ende des dritten Monats werden die Greifbewegungen gezielter, sie verlieren ihren Zufallscharakter. Dem Baby gelingt es jetzt, seine Hände zur Körpermitte zu bewegen; es faustet jetzt kaum mehr, seine Greifbewegungen werden immer erfolgreicher.

### Zur Seite drehen mit Mamas/Papas Hilfe

*Ihre Zeigefinger reichen als Unterstützung völlig aus, fassen Sie das Kind daher nicht an seinen Handgelenken.*

Ihr Baby liegt auf dem Rücken; legen Sie Ihre Zeigefinger in Babys Hände. Greift es zu und hält fest, ist das Spiel für Ihr Baby richtig: Es ist selber aktiv. Schaut Ihr Kind nach rechts, dann bewegen Sie Ihre Hände sanft in diese Richtung, schaut es in die andere Richtung, dann gehen auch Ihre Hände dorthin. Bei diesem Spiel dreht das Kind den Kopf eigenständig zur Seite und erlebt, wie es durch eigene Aktivität (das Festhalten) eine Positionsveränderung vornimmt. Hält es sich weiter gut fest, können Sie das Spiel zur anderen Seite wiederholen. Lässt Ihr Baby los, ist das Spiel beendet.

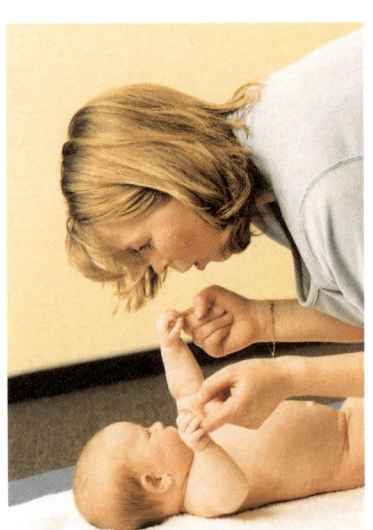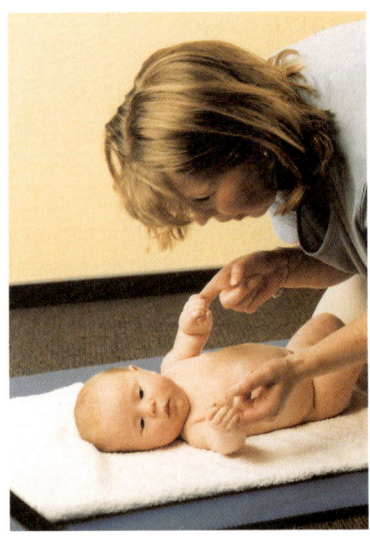

*Victoria spielt dieses Spiel besonders konzentriert.*

**Jetzt geht es ganz herum: vom Rücken auf den Bauch**

Um Ihr Baby von der Rückenlage in die Bauchlage zu drehen, können Sie die Aktivität Ihres Kindes mit folgendem Griff unterstützen.

Sie umfassen mit Ihrer Hand den Oberschenkel Ihres Babys, Ihr Daumen zeigt dabei in Richtung Kniegelenk. Bewegen Sie nun das umfasste Bein langsam zur Seite und schieben Sie es vorsichtig über das andere Bein. Ihr Baby dreht sich durch diese einleitende Bewegung zunächst in die Seitenlage und dann, durch eigene Aktivität (Drehen und Anheben des Kopfes und Bewegungen des äußeren Armes) kommt es weiter in die Bauchlage.

Liegt der Arm, über den sich das Babys gedreht hat, noch unter seinem Körper, können Sie Ihrem Kind dazu verhelfen, dass es allein den Arm unter seinem Körper wegzieht: Streicheln Sie Ihr Kind mit der flachen Hand vom Hinterkopf über den Rücken bis zum Po. Wenn Sie leichten Druck auf den Po ausüben, kann es besser seinen Kopf heben, und es gelingt ihm möglicherweise, seinen Arm zu befreien. Wenn nicht, müssen Sie helfen und den Arm Ihres Kindes nach vorn legen.

*Durch Ihre einleitende Bewegung bleibt der Körper des Kindes in einer Linie und ermöglicht die Drehung schon im ersten Vierteljahr (s. Foto auf S. 54). Mit älteren Babys spielen Sie die Drehung anders (s. S. 81).*

**So gehts zurück**

Sie strecken den Arm, über den Sie das Baby drehen wollen, mit einer Hand gerade nach oben. Mit der anderen Hand fassen Sie das Baby an der gegenüber liegenden Hüfte und drehen es langsam wieder auf den Rücken. Bei der Drehbewegung balanciert das Kind selbstständig seinen Kopf aus.

Diese Drehbewegungen lassen das Baby schon erfahren, was es tun muss, um sich später eigenständig zu drehen.

*Möchten Sie Ihr auf dem Bauch liegendes Baby wieder zurück in die Rückenlage drehen?*

# In der Bauchlage

Anfangs wird es dem Kind noch schwer fallen, den Kopf zu heben. Es stärkt dabei seine Muskeln und lernt, seinen Kopf von der Unterlage abzuheben. Sie können auch hier wieder durch das Streicheln über den Rücken und leichtem Druck auf den Po helfen: Das Baby hebt den Kopf an.

*Ihrem zufriedenen Baby tut es gut, manchmal auch auf dem Bauch zu liegen.*

### Unterstützung durch Mamas/Papas Arm

*Erleichtern Sie Ihrem Baby die Bauchlage, indem Sie Ihren Unterarm unter seinen Brustkorb legen.*

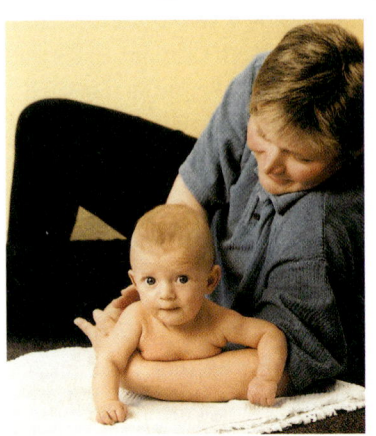

Die Unterstützung Ihres Arms verhilft dem Baby zu einer angenehmeren Liegeposition. Es kann sich besser mit seinen Armen abstützen und leichter den Kopf heben. Legen Sie Ihr Baby so auf Ihren Arm, dass seine Oberarme vor Ihrem Unterarm liegen. Sie können es sich in der Seitenlage bequem machen und Ihr Kind anschauen.

*Jonas kann durch die Unterstützung des Unterarms seinen Kopf gut halten. Seine Mutter streichelt ihm zusätzlich mit der flachen Hand über den Rücken.*

### Auf dem Handtuch liegen

*Sie benötigen ein Handtuch oder eine dünnere Babydecke.*

Anstelle Ihres Unterarms können Sie Ihr Kind auch in der Bauchlage auf ein zusammengerolltes Handtuch legen. Rollen Sie Handtuch oder Decke so zusammen, dass der Umfang etwa dem Durchmesser Ihres Unterarms entspricht. Auch bei dieser Variante liegen die Arme des Babys vor dem zusammengerollten Handtuch.

Sie können sich dabei ebenfalls auf dem Bauch vor Ihr Baby legen! Die meisten Kinder mögen den Blick in das vertraute Gesicht und bleiben dadurch länger in der Bauchlage zufrieden. Bleiben Sie neben dem Kind liegen, können Sie es streicheln und mit ihm sprechen. Es freut sich sicher über Ihre aufmunternden Worte.

### Gemütlich auf dem Bauch der Eltern

*Machen Sie es sich in der Rückenlage bequem, mit dem Kopf auf einem Kissen haben Sie es noch angenehmer.*

Legen Sie das Kind in Bauchlage auf Ihren Oberkörper. Es liegt mit dem Kopf auf Ihrer Brust. Durch Ihren Herzschlag, Ihre Atembewegungen sowie die Wärme Ihres Körpers wird das Baby angeregt, sich abzustützen und Sie anzuschauen.

Mag Ihr Baby diese Bewegungsanregung, können Sie Ihren Körper durch sanftes Hin- und Herschaukeln leicht bewegen. Ihr Kind passt sich dann Ihren Bewegungen an und balanciert seinen Kopf eigenständig aus.

### Babys Beine ganz aktiv

Legen Sie Ihr Baby in Bauchlage auf Ihren Oberkörper. Damit es den richtigen Halt bekommt, fassen Sie es im Schalengriff. Spürt Ihr Kind den Widerstand Ihrer Oberschenkel, kann es sich mit seinen Füßen abstemmen. Es macht reflektorische Kriechbewegungen, wobei es seine Beine abwechselnd beugt und streckt.

*Setzen Sie sich in Schräglage. Zum Anlehnen eignen sich der Wasserball, dicke Kissen oder ein Gymnastikball.*

*Sophie hat Freude daran, sich abzustemmen. Ihr Vater hält sie gut im Schalengriff, dadurch vermittelt er Sophie Sicherheit.*

### Spiel mit dem Wasserball: Schaukeln und Abstoßen

Nehmen Sie Ihr Baby im Schalengriff wieder seitlich hoch und legen Sie es in Bauchlage auf den Wasserball. Der Schalengriff gibt Ihrem Baby Halt und Sicherheit.

Hebt Ihr Baby den Kopf? Dann können Sie den Ball leicht nach hinten rollen, damit es mit den Füßen Bodenkontakt bekommt. Mag es sich abstoßen? Wenn nicht, kann es noch damit beschäftigt sein, seinen Kopf zu heben und sein Gleichgewicht zu halten. Das Baby ist beim Abstoßen selbst aktiv: Sie können es unterstützen, wenn Sie den Ball im vom Baby vorgegebenen Tempo nach vorn und hinten bewegen.

*Annabelle ist begeistert von dem Wasserballspiel. Sicher gehalten im Schalengriff, ist sie für jeden Spaß zu haben.*

*Lassen Sie Ihrem Kind die Zeit, die es braucht! Hat es einmal entdeckt, wie es sich mit den Füßen vom Boden abstoßen kann, wird ihm dieses Spiel viel Spaß machen.*

Kennt Ihr Kind dieses Spiel, können Sie den Ball auch leicht nach links und rechts neigen. Dabei wird das Baby angeregt, seinen Kopf in verschiedenen Lagen auszubalancieren. Nach und nach wird es versuchen, sich auch seitlich mit den Füßen abzustoßen.

Babys mit Drei-Monats-Koliken empfinden das Schaukeln auf dem Wasserball häufig als wohltuend. Kinder, die sonst nicht gern auf dem Bauch liegen, mögen die „Wasserballschaukel" meistens auch. Die Bauchlage ist auf dem Ball nicht ganz so anstrengend, und der erweiterte Blickwinkel ermöglicht es dem Baby, interessante Dinge aus einer erhöhten Lage zu betrachten.

# Trage- und Hebespiele

Die folgenden Trage- und Hebespiele erfordern sowohl Ihre als auch Babys volle Aufmerksamkeit. Sie sollten sich daher Zeit nehmen und nicht durch andere Verpflichtungen abgelenkt werden können.

Möchten Sie Ihr Baby „im Alltag" tragen, z. B. bei der Hausarbeit oder beim Einkaufen, eignet sich hervorragend das Tragetuch (s. S. 40). Für die PEKiP-Tragespiele benötigen Sie beide Hände; das Baby erhält zwar Unterstützung, ist aber im Wesentlichen selbst aktiv.

Fühlen Sie sich mit den Tragespielen sicher, gefällt es Ihrem Kind auch, wenn Sie die Seiten wechseln oder die Tragespiele kombinieren, ohne es zwischendurch hinzulegen.

*Tragen unterstützt die Eigenaktivität des Babys; es passt seinen Körper den veränderten Lagen an. Gleichzeitig wird auch der Gleichgewichtssinn angeregt.*

### Neugieriger Blick über die Schulter

Nachdem Sie Ihr Baby im Schalengriff über die Seite hochgenommen haben, können Sie es mit seinem Oberkörper an Ihre Schulter legen. Babys Arme liegen dabei über Ihrer Schulter. Mit einer Hand stützen Sie das Baby an seinem Rücken, dort wird auch das Gewicht gehalten. Der andere Unteram liegt am Po des Kindes.

*Victoria stützt sich mit ihren Händen auf der Schulter der Mutter ab. Dadurch fällt es ihr leichter, den Kopf hochzuhalten.*

### Fliegen in Papas Arm

Nehmen Sie Ihr Baby im Schalengriff über die Seite hoch und drehen Sie es so, dass es mit dem Bauch auf Ihren Armen liegt. Sein Oberkörper wird von einem Ihrer Unterarme gestützt. Babys Arme ragen frei über Ihren Arm hinaus. Ihre andere Hand hält das Baby unterstützend am Bauch, ohne – und darauf sollten sie unbedingt achten – diesen Arm durch die Beine des Babys zu führen. Das könnte für das nackte Baby unangenehm sein und schränkt auch die Beinfreiheit unnötig ein. Hält Ihr Kind gut seinen Kopf und betrachtet es interessiert die Umgebung, kann es auch länger in dieser Lage verweilen.

*Viktoria schaut zufrieden und wird gut vom Vater gehalten.*

*Sie werden merken: Selbst die Beine des Kindes sind aktiv beteiligt.*

### Schwebend Kopf an Kopf mit dem Papa

Für dieses Spiel heben Sie Ihr Kind im Schalengriff so hoch, dass es waagerecht über Ihrem Kopf „schwebt". So können Sie sich gut anschauen. Bewegung kommt in das Spiel, wenn Sie Ihr Baby in näherer oder weiterer Entfernung von Ihrem Gesicht halten. Dabei hält das Baby nicht nur den Kopf in der waagerechten Position, sondern passt sich mit dem gesamten Körper der veränderten Lage an.

**Sicht nach vorn**

Fassen Sie Ihr auf dem Rücken
liegendes Baby im Schalengriff
und heben Sie es seitlich hoch.
Drehen Sie es in aufrechter Haltung mit dem Rücken zu Ihrer
Brust. Jetzt wird das Kind durch
Ihre Hand, die seinen Oberkörper hält, gestützt und sanft an
Ihre Brust gedrückt. Diese Hand
trägt dann auch das gesamte
Gewicht des Kindes. Zwar liegt
der andere Arm unter dem Po,
keinesfalls aber, um das Kind
„sitzen zu lassen", denn das wäre
noch zu früh.

Hat sich Ihr Baby an diese
Position gewöhnt, können Sie
auch langsam in der Wohnung
umhergehen und ihm alles zeigen und erklären.

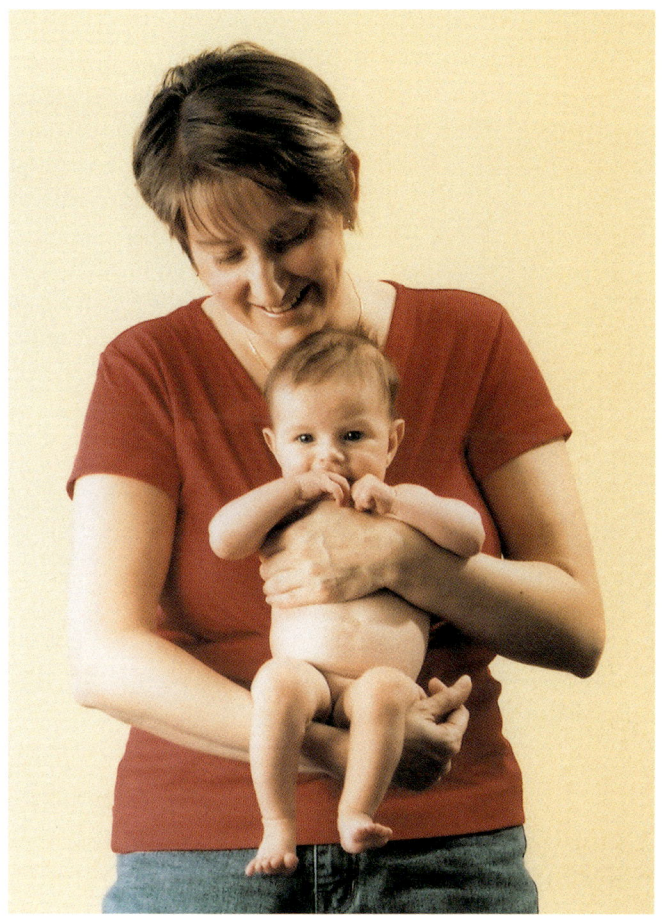

*Sophie in einer neuen Lage.*
*Sie schaut interessiert. Die Mutter*
*gibt ihr mit der linken Hand den*
*nötigen Halt.*

**Schweben zur Seite**

Neigen Sie Ihr waagerecht gehaltenes Baby leicht nach rechts und
links. Ihr Baby passt sich auch hier der Lageveränderung mit aus-
gleichenden Bewegungen seines Körpers an.

Zunächst reicht es, wenn die Neigung zur Seite noch gering ist.
Im zweiten Vierteljahr wiederholt sich dieses Spiel mit stärkeren Neigungen und Bewegungen.

Für die Trage- und Hebespiele gilt:

1. Fühlen Sie sich mit den Tragespielen sicher, gefällt es Ihrem Kind auch, wenn Sie die Seiten wechseln oder die Tragespiele kombinieren, ohne es zwischendurch hinzulegen.

2. Bei den PEKiP-Trage- und Hebespielen erhält Ihr Baby nur so viel Unterstützung, wie es wirklich benötigt. Kann es seinen Kopf halten, braucht es keine stützende Hand. Was es allein kann, soll es auch allein tun dürfen.

3. Möchte Ihr Baby sich ausruhen, sind die PEKiP-Trage- und Hebe-Spiele nicht geeignet. Tragen Sie Ihr Kind dann mit mehr Unterstützung.

# Ihr Baby im zweiten Vierteljahr

*Jetzt wird der eigene Körper zum wichtigsten Spielzeug.*

## In der stabilen Rückenlage

*Das Baby greift parallel mit Händen und Füßen. Sein Oberkörper liegt symmetrisch, und es bereitet ihm Freude, seine Hände mit dem Mund zu erforschen.*

Im vierten Lebensmonat kann das Baby gut sein Gleichgewicht in der Rückenlage halten. Die Bewegung seiner Arme werden automatisch von den Füßen mitgemacht. Das Baby hebt im Laufe des zweiten Vierteljahres seine Beine immer mehr an. Seine Haltung sieht zunehmend aus wie ein "liegendes Sitzen". In dieser Lage kräftigen sich schon jetzt alle Muskeln, die es für das spätere Sitzen benötigt. Das tut das Baby von allein und vor allem, ohne seine Wirbelsäule zu belasten. Sitzen sollte das Baby im ersten Lebenshalbjahr noch nicht, lassen Sie ihm Zeit, bis es sich eigenständig hinsetzen kann.

Die meisten Babys haben im Alter von sechs Monaten dann auch ihre Füße entdeckt. Sie können jetzt die Hände und Füße zur Körpermitte zusammenbringen oder haben Freude, mit den Füßen zu spielen. Dabei stärkt das Baby seine Bauchmuskeln und bleibt selbst dann im Gleichgewicht, wenn es den Kopf von der Unterlage abhebt.

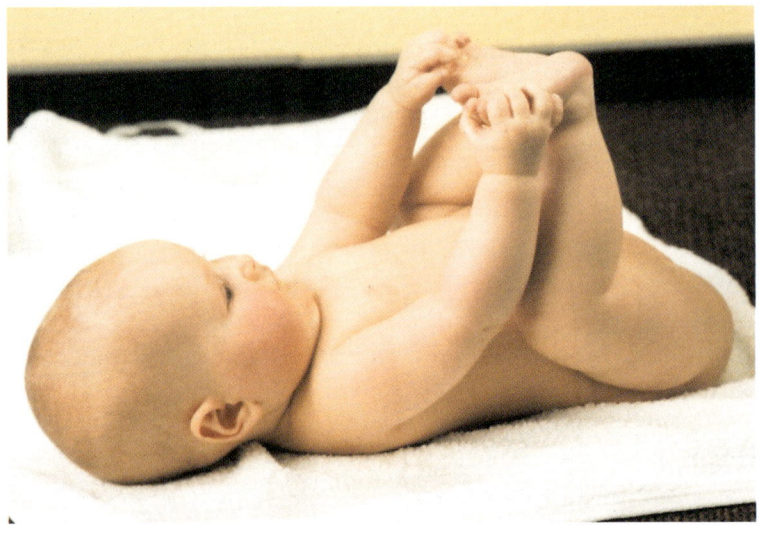

*Lea hat ihre Füße entdeckt. Im Spiel dehnt sie ihre Lendenwirbelsäule.*

Zunächst rollt das Baby zufällig zur Seite, ist aber noch instabil in seiner veränderten Lage und rollt wieder auf den Rücken. Hat es ein interessantes Spielzeug an seiner Seite entdeckt, versucht es, sich dem Spielzeug zuzuwenden und dreht sich nun bewusst zur Seite. Gegen Ende des ersten Halbjahres haben viele Babys die vollständige Drehung vom Rücken auf den Bauch geschafft. Die erste Drehung ist ein großes Erlebnis für Ihr Baby. Es kann jetzt eigenständig seine Körperposition verändern. Mit Stolz und Freude sind sich Babys dieser Situation bewusst.

*Aus der Rückenlage heraus wird Ihr Kind nun seine ersten Drehversuche starten.*

Dieses Ereignis findet nicht selten in der PEKiP-Gruppe statt, dort kann sich das Baby unbekleidet bewegen, wodurch es beweglicher ist. Das Kind bekommt Zeit, so lange zu probieren, bis die Drehung dann auch klappt. Die Mütter beobachten die Babys dabei interessiert und freuen sich gemeinsam über die vollbrachte Leistung.

## (Be-)Greifen von oben nach unten

Greifen setzt voraus, dass das Kind schon eine gewisse Körperstabilität erreicht hat, die es hauptsächlich durch das Aufstützen und Stemmen in der Bauchlage erreicht. Beim Be-Greifen seines Körpers geht das Baby von oben nach unten vor. Es erforscht seinen Bauch, bevor es zu den Oberschenkeln vordringt, zuletzt „findet" es auch seine Füße. Dabei gewinnt das Kind neue Kenntnisse. Es erfährt, dass auch die Füße zu seinem Körper gehören, obwohl sie so weit weg und unerreichbar waren. Aber nicht nur sein eigener Körper ist von Interesse, auch Spielzeug und andere Gegenstände, die ihm gereicht werden, erforscht es. Liegt es auf dem Rücken, kann es selbst dann nach einem Spielzeug greifen, wenn es ihm von der Seite gereicht wird.

*Im zweiten Vierteljahr (be)greift das Baby mit seinen Händen sich selbst und seine Umwelt, indem es tastet, drückt, zupft und auch mal fest zupackt.*

Durch Lutschen, Schmecken und Beißen kann Ihr Baby andere Erkenntnisse über einen Gegenstand gewinnen als nur durch Greifen. Seine Greifbewegungen werden zunehmend gezielter; die reflektorischen Handgreifreaktionen sind verschwunden, es greift nun bewusst. Das Baby greift, indem es alle Finger öffnet. Es benötigt

*Hat das Baby den Gegenstand erwischt, möchte es ihn auch ausgiebig mit dem Mund erkunden. Gestehen sie ihm das auch zu.*

noch die gesamte Handfläche, um das Spielzeug festzuhalten. Ist das Baby sechs Monate alt, wechselt es den Gegenstand auch von einer in die andere Hand. Dieses Handeln ist sehr anspruchsvoll, denn dazu gehört bewusstes Halten und Loslassen. Das komplexe Geschehen lässt beide Hälften des Großhirns aktiv werden und stellt die Verbindung zwischen ihnen her.

*In diesem Alter kann das Baby über seine Körpermitte hinweg diagonal greifen, wenn der Gegenstand von der Seite gereicht wird.*

Wenn Sie Ihrem Kind von der rechten Seite etwas reichen, greift es nun auch mit der linken Hand und umgekehrt. Das diagonale Greifen unterstützt ebenfalls das Zusammenspiel beider Gehirnhälften und verhilft dem Baby zum aktiven Drehen zur Seite. Wechseln Sie deshalb auch die Seiten, wenn Sie dem Kind ein Spielzeug reichen.

## In der Bauchlage

*Viele Babys, die die Bauchlage nicht mochten, akzeptieren sie nun, weil sich dadurch neue Möglichkeiten für sie eröffnen.*

Das Baby stützt sich in der Bauchlage sicher auf seine Ellenbogen, die vor seiner Schulter liegen. In dieser stabilen Bauchlage kann es spielen, es ist in der Lage, sein Gleichgewicht so zu verlagern, dass es einen Arm hebt, um nach einem angebotenen Gegenstand zu greifen.

Damit hat das Kind seinen „Spiel-Raum" erweitert. Mit zunehmendem Alter streckt das Baby seine Arme immer mehr nach vorn und stützt sich dann auch mit seinen Händen ab.

In dieser Entwicklungsphase zeigt es häufig „Schwimmbewegungen"; dabei hebt es seinen Kopf, die Arme und Beine gleichzeitig von der Unterlage ab. Das „Schwimmen" geschieht dann im Wechsel mit dem Handstütz.

Die Überwindung der Schwerkraft trägt dazu bei, dass Babys Bauch- und Rückenmuskeln gekräftigt werden. Mehr und mehr gelingt es ihm, die Arme steiler zum Körper zu stellen, dabei kommt es auch mit dem Oberkörper immer höher und stützt sich auf die geöffneten Hände: Es gelangt in den „Hand-Becken-Stütz", wobei der Oberkörper aufgerichtet ist, der Bauch und das Becken bleiben auf der Unterlage liegen.

## Jauchzen, Sehen und Hören

Ganz plötzlich, etwa mit vier bis fünf Monaten, wird Ihr Baby Sie mit jauchzendem Lachen überraschen. Hat Ihr Baby entdeckt, wie es laut lachen kann, wird es auch andere Töne produzieren wollen und unterschiedliche Stimmlagen ausprobieren. Es gibt Blasreiblaute von sich, indem es Luft durch die geschlossenen Lippen presst. So um den sechsten Monat herum bildet das Kind auch Silbenketten, z. B. da-da-da, und hat Spaß an dieser rhythmischen Lautfolge.

*Es gibt kaum etwas Schöneres als dieses herzhafte Baby-lachen; genießen Sie diesen Augenblick!*

Schaut Ihr Baby in den Spiegel, strahlt es sein Spiegelbild an. Es freut sich über das „fremde" Baby – bislang geht man davon aus, dass es sich in diesem Alter noch nicht selbst erkennen kann.

*Geräusche und das Spiegelbild erregen die Aufmerksamkeit.*

Geräusche wecken das Interesse des Babys: Es dreht seinen Kopf der Geräuschquelle zu. Beim Stillen oder Füttern lässt es sich leicht ablenken, es unterbricht das Trinken, wenn es etwas Interessantes hört.

Fällt Ihrem Baby ein Spielzeug aus der Hand, während Sie es tragen, schaut es dem gefallenen Gegenstand interessiert nach. Es erwirbt dadurch erste Kenntnisse über Höhen und Tiefen.

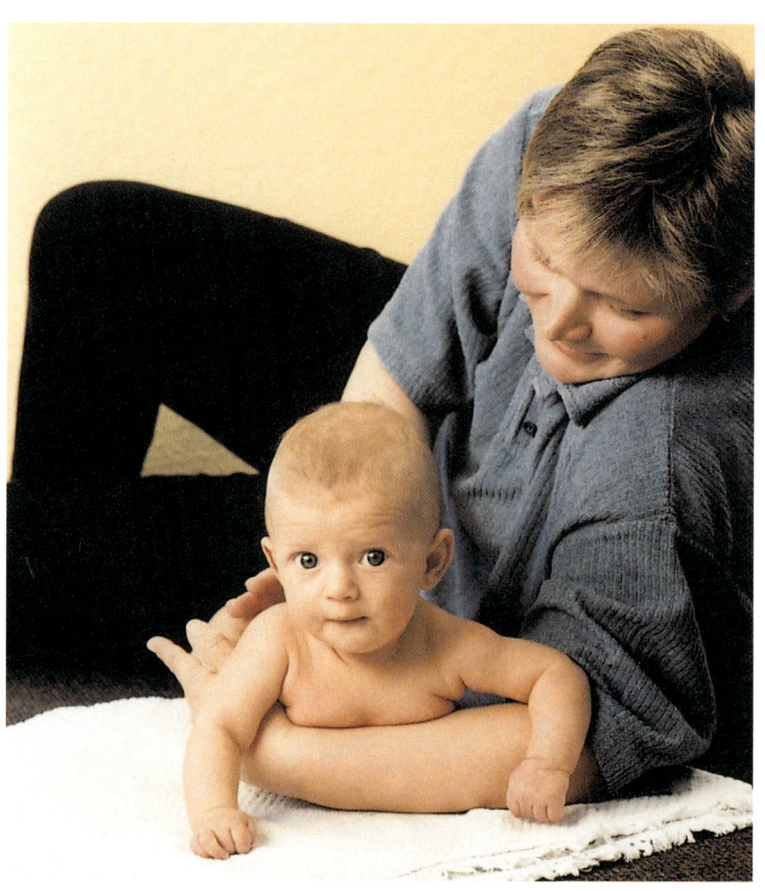

# Spiel- und Bewegungs-anregungen für das zweite Vierteljahr

*Das Baby liegt sicher auf Rücken und Bauch, greift immer gezielter nach allem und entdeckt, dass es Füße hat.*

---

**Spielzeug oder Gegenstände für die PEKiP-Spiele s. S. 56, hinzu kommen im zweiten Vierteljahr**

- Holzklötze
- Zweiter Greifring oder Holzstab (Kochlöffel)
- Baubecher
- Kleine Gegenstände aus unterschiedlichem Material, z. B. Stoffpüppchen, Tastsäckchen, Schneebesen, Seidentuch

---

## In der Rückenlage

Im zweiten Vierteljahr möchte das Baby Greiferfahrungen mit kleinen und großen Gegenständen aus unterschiedlichen Materialien sammeln. Es fühlt und erforscht die Beschaffenheit der angebotenen Gegenstände.

### Welch ein großes Ding

*Für dieses Spiel benötigen Sie den an der Schnur befestigten Wasserball.*

Zeigen Sie Ihrem auf dem Rücken liegenden Kind den Wasserball. Halten Sie den Ball über seine Brust, dann kann Ihr Baby ihn gut mit seinen Händen erreichen.

Ihr Baby versucht sicher, den Ball zu berühren und ihn mit den Händen wegzustoßen. Vielleicht probiert es auch, ob es den Ball mit beiden Händen fassen kann.

Wenn das Baby ein halbes Jahr alt ist, können Sie wahrscheinlich beobachten, dass es den Ball auch mit den Füßen umgreift. Es entsteht ein Zusammenspiel von Händen und Füßen. Dabei erfährt das Kind, wie es große Gegenstände greifen und handhaben kann.

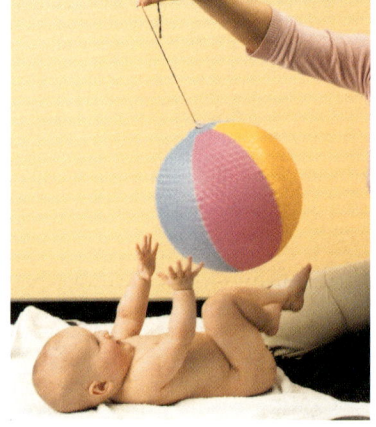

*Lea bringt mit ihren Händen den Ball in Schwung.*

### Kleine Gegenstände fassen

Reichen Sie Ihrem Kind einen Gegenstand und beobachten Sie, wie es danach greift. Es erfordert Babys ganze Konzentration, den Gegenstand zu umfassen, es erfährt, wie es kleine Dinge festhalten kann, und lernt, sie zu drehen und zu betrachten.

*Sie benötigen kleine Gegenstände, die Ihr Baby greifen kann, z. B. kleine Bauklötze oder Wäscheklammern.*

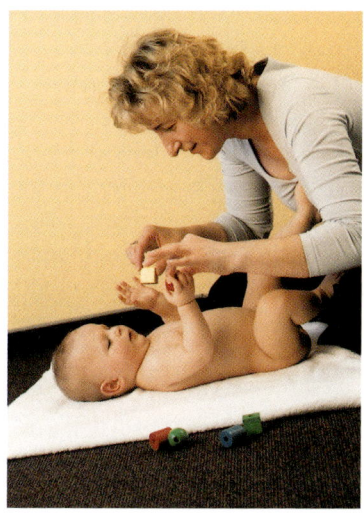

Achten Sie darauf, dass das Baby die Gegenstände nicht verschlucken kann und lassen Sie Ihr Kind bei seinen Greifaktivitäten mit kleinen Dingen nicht allein.

Für Ihr Baby ist es eine große Leistung, mit beiden Händen Dinge zu greifen; es lernt, seine Hände unabhängig voneinander einzusetzen. Anfangs lässt es noch den mit der einen Hand ergriffenen Gegenstand los, bevor es mit der anderen Hand greift. Später kann es beide Gegenstände festhalten.

*Sie brauchen unterschiedliche Greifdinge: z. B. einen Schneebesen, einen Kochlöffel, ein Stück Butterbrotpapier oder ein Tastsäckchen.*

### Wie fühlt sich das denn an?

Reichen Sie Ihrem Baby einen dieser Gegenstände. Wie reagiert es darauf? Greift es ihn? Ihr Kind macht unterschiedliche Erfahrungen, wenn es verschiedene Materialien spüren kann. Es erfährt, was es mit leichten Dingen, z. B. dem Butterbrotpapier, auf sich hat. Dabei erlebt es, wie das Papier knistert und sich zerknüllen lässt. Achten Sie jedoch darauf, dass Ihr Kind das Papier nicht verschluckt.

Wie fühlt sich ein Schneebesen an? Ihr Baby spürt, dass Metall viel kälter ist als das Stück Stoff. Es lernt harte und weiche Materialien kennen. Das Stück Stoff lässt sich zusammendrücken, ist weich und leicht, ein Holzklotz ist hart und schwer.

*Pia streckt sich nach einem Tastsäckchen. Sie versucht, es mit beiden Händen zu erreichen.*

*Ist Ihr Kind sechs Monate alt, können Sie ihm auch zwei Gegenstände anbieten.*

Auch wenn Sie sofort erraten, um welchen Gegenstand es sich handelt – Ihr Kind braucht einige Kontakte und Zeit, um sich ein genaues Bild von dem Gegenstand zu machen. Später verknüpft es seine gemachten Erfahrungen, erkennt Gegenstände wieder und probiert Neues mit dem Gegenstand aus. Das Papier kann z. B. auch zerrissen werden. Der Schneebesen und der Kochlöffel eignen sich auch fürs Schlagen auf den Fußboden oder auf eine Schüssel.

Tastsäckchen sind schnell gemacht. Sie falten einen Stoffrest – ca. 20 x 8 cm – so zusammen, dass die Innenseite außen liegt. Nähen Sie drei Seiten zu, stülpen Sie das Säckchen um und füllen Sie Murmeln, Knöpfe oder getrocknete Kirschkerne ein. Dann nähen Sie die offene Seite zu, fertig. Das Säckchen kann problemlos gewaschen werden. Wenn es ganz schnell gehen soll, nehmen Sie eine Baumwollsocke und knoten Sie sie zu. Oder einen Waschlappen – dann brauchen Sie nur eine Naht zu nähen.

## Hängende Gegenstände

Sie benötigen eine Stück Schnur oder einen Schnürsenkel und zwei Gegenstände aus unterschiedlichem Material, die Sie an der Schnur befestigen. Geeignet sind Stoffstreifen, Pinsel, Schneebesen, Tastsäckchen u. a. m.

*Inzwischen gibt es im Handel eine große Auswahl an „Baby-Trapezen". Das gerade beschriebene Spiel lässt sich allerdings durch ein fertig gekauftes Spiel nicht ersetzen.*

Hängen Sie immer nur zwei Gegenstände an die Schnur: zu viel verwirrt das Baby. Halten Sie die Schnur so über Ihr Kind, dass es mit seinen Händen die Gegenstände berühren kann. Es erfährt, dass sich hängende Gegenstände anders verhalten als liegende oder gereichte Spielsachen. Sie fallen nicht, das Baby kann sich also voll auf das Betasten und Fühlen konzentrieren. Sicherlich staunt Ihr Baby über die unterschiedliche Beschaffenheit der Gegenstände. Mag es lieber weiche oder harte Dinge? Was fasziniert es gerade am meisten? Entscheidet es sich immer für den gleichen Gegenstand?

Weder der Kontakt, der zwischen Ihnen und Ihrem Kind entsteht, noch die Möglichkeit, die richtige Höhe für Ihr Kind zu finden, lässt sich vom „Babytrapez" erreichen. Außerdem: Liegt Ihr Kind unter einem solchen Gerät, kann es sich nicht seitlich wegdrehen, wenn es genug vom Spiel hat.

### Fußspieler aufgepasst!

Gegen Ende des zweiten Vierteljahres erwacht das Interesse Ihres Babys an seinen Füßen. Ist es seine Windel losgeworden, stehen seine Chancen, die Füße zu erreichen, noch besser.

*Sie brauchen nun ein kleines Tuch.*

Legen Sie das Tuch über einen Fuß Ihres Kindes oder stecken Sie es zwischen seine Zehen. Sie werden sehen; das Interesse an seinen Füßen wächst enorm. Ihr Baby wird versuchen, das Tuch mit den Händen zu erreichen und danach zu greifen. Womit spielt es jetzt? Vielleicht begutachtet es zunächst den „ergatterten" Gegenstand, um zu probieren, was es damit tun kann, und kommt erst später zu seinen Füßen zurück.

### Mit kleiner Unterstützung in die Seitenlage

Zwischen dem vierten und sechsten Monat interessiert sich Ihr Baby sicherlich für alles, was sich an seiner Seite „abspielt". Es schaut zu dem Spielzeug, welches seitlich liegt, kann es aber noch nicht erreichen.

*Durch Ihre einleitende Bewegung wird das Baby angeregt, seine Lage zu ändern und sich in die Seitenlage zu drehen.*

So gehts: Liegt Ihr Baby auf dem Rücken (vielleicht schaut es schon interessiert zur Seite), können Sie ihm Ihren Zeigefinger hinhalten. Dreht sich das Baby aus Ihrer Sicht nach rechts, greift es mit seiner rechten Hand, bei der Linksdrehung nutzt es die Hilfe Ihres Zeigefingers mit seiner linken Hand.

Bewegen Sie Ihren Zeigefinger langsam zur Seite. Ihr Baby kann nun in der Seitenlage seine Umgebung betrachten. Mag Ihr Kind den Zeigefinger nicht festhalten, ist es jetzt nicht das richtige Spiel. Vielleicht ist es müde, oder ihm ist einfach nicht nach Drehen zumute.

### Geschafft – endlich in der Bauchlage!

Kennt Ihr Baby das vorherige Spiel (*Mit kleiner Unterstützung in die Seitenlage*), werden Sie spüren, dass sein ganzer Körper bei der Drehung in Bewegung ist. Schauen Sie auf Babys Beine, meist fehlt nur noch ein kleiner „Kick", dann ist die Drehung in die Bauchlage vollzogen. Während Ihr Baby im ersten Vierteljahr noch Unterstützung am Bein benötigte (s. S. 27: *Andere Dinge werden spannend*), reicht es ihm jetzt, wenn Sie ihm Ihren Zeigefinger reichen.

*Es ist geschafft: Das Baby liegt in der Bauchlage und ist sichtlich stolz auf sich.*

So klappt die Drehung: Umklammert Ihr Baby fest Ihren Zeigefinger, können Sie Ihren Finger so bewegen, dass Sie Ihrem Baby die vollständige Drehung bis in die Bauchlage ermöglichen.

Liegt Babys Unterarm, über den es sich gedreht hat, noch unter seinem Körper, können Sie es wieder unterstützen: Streicheln Sie Ihrem Baby mit der flachen Hand über den Rücken bis zum Po. Meist gelingt es ihm dann, seinen Arm eigenständig zu befreien (s. S. 63).

### Der Dreh mit dem Ring

*Sie benötigen einen Greifring.*

Diese Anregung baut auf die vorherige Anregung *Geschafft, endlich in der Bauchlage* auf und ermöglicht eine neue Variante des Drehens. Sie bieten Ihrem Baby anstelle Ihres Zeigefingers nun den Ring zum Greifen an. Schaut Ihr Baby nach rechts – es will sich also nach rechts drehen –, fasst es den Ring mit seiner linken Hand. Hält es gut fest, können Sie sein Drehen unterstützen. Dafür bewegen Sie den Ring langsam in die Richtung, zu der sich Ihr Baby dreht.

Denken Sie immer auch an die andere Seite!

### Aus erhöhter Lage die Welt sehen

*Beobachten Sie Ihr Kind: Hebt es den Kopf weiterhin, möchte es sich noch höher ziehen. Ihr Baby bestimmt, wie hoch es möchte.*

Babys im zweiten Vierteljahr versuchen häufig, ihren Kopf in der Rückenlage von der Unterlage abzuheben. Sie können Ihr Baby dabei unterstützen, indem Sie ihm Ihre Zeigefinger reichen. Umfasst es Ihre Finger, bewegen Sie Ihre Finger langsam zu sich.

Günstig ist es, Ihrem Baby das seitliche Hochziehen zu ermöglichen: Geben Sie dafür an der einen Hand mehr nach und verstärken Sie die Bewegung an der anderen Hand. Dieser Bewegungsablauf ist dem Kind schon durch das seitliche Hochnehmen vertraut. Zurück in die Rückenlage gehts ebenso, nur umgekehrt.

*Variation*

Leiten Sie eine kreisende Bewegung ein. Über eine Seite hoch und über die andere wieder nach unten.

Mit ca. vier Monaten zieht sich das Baby mit leicht gebeugten Armen nur wenig hoch. Es hält eigenständig Ihre Finger fest. Tut es das nicht, ist das Spiel nicht angebracht. Versuchen Sie dann nicht, Ihr Kind an seinen Handgelenken hochzuziehen. Wenn das Kind bereit ist, reicht die Unterstützung durch Ihre Zeigefinger.

Um Ihr Baby vor einem evtl. Zurückfallen zu schützen, können Sie Ihre Daumen sanft, d. h. ohne Druck, auf seinen Handrücken legen.

Mit ca. sechs Monaten beugt das Baby seine Arme stärker. Es möchte sich nun bis in den Sitz ziehen. Legen Sie es dann aus der Sitzposition langsam über die Seite wieder ab. Das Baby sollte noch nicht in der Sitzposition verweilen, es hat Spaß an der Bewegung, die ihm bei diesem Spiel ermöglicht wird. Für das Kind ist zu diesem Zeitpunkt die Bewegung das Ziel, nicht das Sitzen.

*Geben Sie Ihrem Baby nur die Unterstützung, die es benötigt. Sein Selbstbewusstsein wird gestärkt, wenn es eigenständig etwas erreichen kann.*

*Lukas zieht sich an den Fingern seiner Mutter hoch. Die Mutter gibt an seinem linken Arm mehr nach, um ihm dadurch ein seitliches Hinlegen zu ermöglichen. Sein linker Arm ist daher mehr gebeugt als der rechte.*

## An Ringen hochziehen

Das vorherige Spiel *In erhöhter Lage die Welt sehen* wird nun mit Greifringen oder dem Holzstab gespielt. Geben Sie Ihrem Baby anstelle Ihrer Zeigefinger in jede Hand einen Greifring. Wenn Sie mit einer Hand die Greifringe festhalten, können Sie zur Sicherheit die ande-

*Sie brauchen zwei Greifringe oder einen Holzstab, z. B. einen Kochlöffel.*

re Hand hinter den Rücken Ihres Babys halten. Dieses Spiel können Sie auch zu zweit mit dem Baby spielen. Sie halten mit beiden Händen die Ringe, und Ihr Partner/Ihre Partnerin hält die schützende Hand hinter Babys Rücken.

Achten Sie auch bei diesem Spiel darauf, Ihr Baby über die Seite abzulegen. Ebenso gut können Sie dem Kind zum Hochziehen einen Kochlöffel anbieten.

### Mit Babypower in den Stand

*Plötzlich zeigt Ihnen Ihr Baby beim Hochziehen, dass es noch höher hinaus möchte.*

Vielleicht stemmt sich Ihr Baby aus eigener Kraft bis in den Stand. Legen Sie es auch dann wieder vorsichtig über die Seite ab. Es sollte nicht im Stand verbleiben. Wenn es mag, kann das Spiel aus der Rückenlage heraus neu beginnen.

## In der Bauchlage

Ihr Baby ist inzwischen sicherer in der Bauchlage geworden. Es benötigt nun nicht mehr seine gesamte Aufmerksamkeit, um seinen Kopf von der Unterlage abzuheben. Daraus ergeben sich neue Entdeckungsmöglichkeiten für Ihr Kind.

Es lernt jetzt auch, seinen Kopf in der Bauchlage in alle Richtungen zu drehen.

### Was gibt es da zu sehen?

*Für Ihr Baby wird die Bauchlage interessanter, wenn Sie sich ebenfalls auf den Bauch legen. Das Baby findet es sicher Klasse, Mama oder Papa auf gleicher „Höhe" zu betrachten.*

Bewegen Sie doch mal Ihren Kopf in der Bauchlage. Ihr Baby folgt Ihrer Bewegung durch die Drehung seines Kopfes.

Mag Ihr Kind das Spiel in der Bauchlage, können Sie ihm ein Spielzeug (z. B. einen Ball) zeigen und es so langsam hin- und herbewegen, dass Ihr Baby dem Spielzeug mit seinem Kopf folgen kann.

Die Bauchlage ist anstrengend, das merken Sie ja selbst. Mag Ihr Baby nicht mehr, darf es sich in der Rückenlage wieder ausruhen. Wenn Ihr Kind nicht so gern auf dem Bauch liegt, bieten Sie ihm die Bauchlage nur kurz (solange es mag), dafür aber mehrmals am Tag an.

### Greifen

Mit zunehmender Stabilität in der Bauchlage wird Ihr Baby auch versuchen, aus dieser Position heraus mit einer Hand zu greifen.

Liegt Ihr Baby in der Bauchlage, können Sie den Gegenstand so vor Ihr Kind legen, dass es ihn fassen kann. Es erfährt dabei, wie sich der liegende Gegenstand verhält.

Anders als ein gereichter oder ein hängender Gegenstand kann er wegrutschen oder -rollen. Ihr Baby braucht einiges an Geschicklichkeit, es richtet seinen Oberkörper und seinen Kopf aus und stützt sich nur auf einen Arm, um mit der anderen Hand das Spielzeug zu greifen.

*Sie benötigen ein Spielzeug, z. B. einen Greifring oder einen anderen gut erfassbaren Gegenstand.*

### Abstützen von Mamas oder Papas Beinen

Hat Ihr Baby sich an die neue Lage gewöhnt? Kann es mit den Händen gut den Fußboden berühren? Gelingt ihm dies nicht, legen Sie es einfach auf Ihre Unterschenkel.

Es wird versuchen, sich dabei mit den Händen vom Fußboden abzustützen und den Kopf zu heben. Die erhöhte Position ermöglicht ihm ein neues Sichtfeld, und das erhöht sein Selbstbewusstsein.

Stützt sich Ihr Baby sicher auf dem Fußboden ab, können Sie seinen Oberkörper etwas weiter über Ihre Beine hinaus schieben. Dadurch trägt es einen größeren Teil seines Gewichtes mit den Armen. Halten Sie dabei Ihre Hand zur sanften Unterstützung an seinen Po.

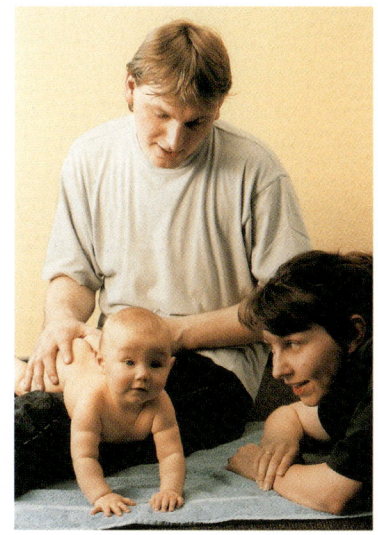

*Michelle stützt sich von den Beinen ihres Vaters ab. Sie trägt dabei einen großen Teil Ihres Gewichtes eigenständig. Ihre Mutter motiviert sie durch Ansprache und Blickkontakt.*

*Stützt Ihr Baby sich in der Bauchlage ab, können Sie ihm einen noch besseren Überblick verschaffen, wenn Sie es quer über Ihre Oberschenkel legen.*

### Mit einem Arm abstützen

*Sie benötigen dafür einen gut greifbaren Gegenstand.*

Mag Ihr Baby diese Position, wird es selber die vorherige Anregung variieren: Es stützt sich nur noch mit einem Arm ab. Dann können Sie vor Ihr Kind ein Spielzeug auf den Boden legen. Es wird versuchen, das Spielzeug mit einer Hand zu greifen und sich weiterhin nur auf einem Arm abzustützen.

*Tim könnte jetzt mit der freien Hand Spielzeug greifen und untersuchen.*

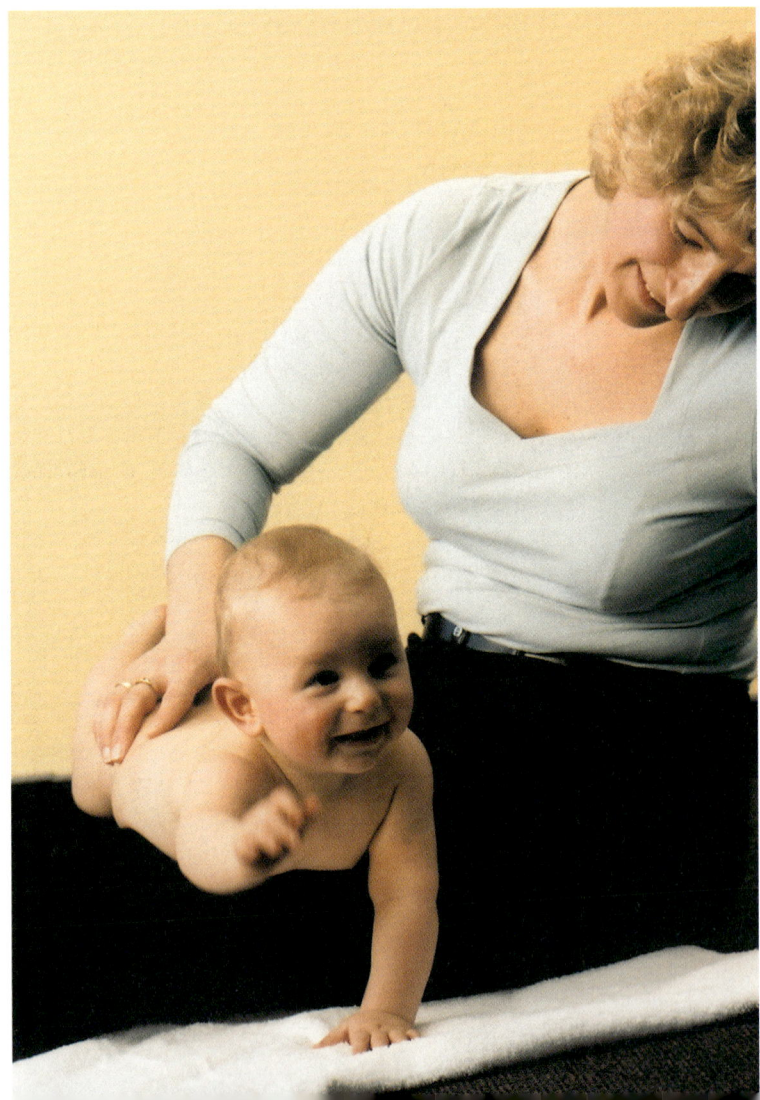

# Hebe- und Tragespiele

Das Spiel *Sicht nach vorn* (s. S. 69) können Sie nun verändern, indem Sie sich nach vorn, zur Seite oder nach hinten beugen. Ihr Baby gleicht Ihre Bewegung aus, betrachtet interessiert seine Umgebung und nimmt auch gern Kontakt zu anderen Menschen auf.

### Schwebespaß zur Seite

Ihr Baby kennt es schon, waagerecht über Ihrem Kopf zu „schweben" (s. S. 68: *Schwebend Kopf an Kopf mit Papa*). In dieser Lage, nach vorn gebeugt, kann es seinen Kopf gut ausbalancieren. Inzwischen kann es seinen Kopf und seinen Körper auch dann ausrichten, wenn es stärker zur Seite geneigt wird. So gehts: Nehmen Sie Ihr auf dem Rücken liegendes Kind im Schalengriff über die Seite hoch und heben Sie es auf Ihre Kopfhöhe. Sie können Ihrem Baby jetzt in die Augen schauen. Sprechen Sie mit Ihrem Kind, es wird erstaunt sein, was jetzt passiert. Neigen Sie Ihr Baby aus dieser Position zur Seite in die Seitenlage. Hat Ihr Kind Spaß an der Lageveränderung in der Luft, neigen Sie es langsam wieder zur Mitte und dann zur anderen Seite; Ihr Kind wird Ihnen zeigen, wie viel Neigung es möchte und in welchem Tempo.

Sie vermitteln dem Kind Sicherheit durch den Schalengriff und Ihren Blickkontakt, das Sprechen mit ihm verstärkt das Sicherheitsgefühl des Kindes „beim Fliegen".

Der „Flug" wird rund, wenn Sie Ihr Baby auch nach vorn bewegen, es also in die Bauchlage bringen. Sie können daraus eine „fließende" Bewegung machen: Nach rechts (Seitenlage), nach vorn (Bauchlage), nach links (Seitenlage) und wieder nach rechts. Beginnen Sie das Spiel auch mal mit der Bewegung nach links.

### Hopsen auf Papas Beinen

Am Ende des zweiten Vierteljahres mögen viele Babys folgendes Spiel: Sie sitzen mit gestreckten Beinen auf dem Boden. Jetzt können Sie Ihr Kind im Schalengriff über die Seite hochnehmen und senkrecht über Ihre Oberschenkel halten. In dieser Lage kann das Baby

*Auch im zweiten Vierteljahr wird Ihr Baby es mögen, wenn es getragen wird oder durch die Luft „fliegen" kann.*

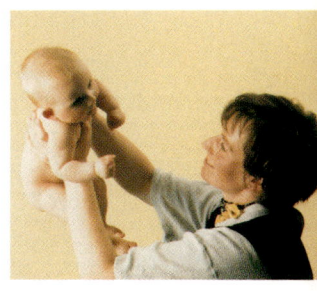

*Die meisten Babys lieben dieses Spiel, es verlangt allerdings von den Eltern Kraft und Ausdauer.*

*Im sicheren Schalen-griff bekommt das Baby so viel Halt, dass es mit seinen Füßen nur leicht Ihre Beine berührt.*

mit den Füßen Ihre Oberschenkel berühren und sich darauf abstoßen. Heben Sie das Baby hoch, dabei kann es seine Beine wieder anziehen. Nun übernimmt das Baby das Kommando: Es streckt und beugt die Beine rhythmisch, es „hopst".

Ihre Arme tragen das Gewicht Ihres „hopsenden" Kindes! Die Füße Ihres Babys können seinen Körper noch nicht tragen!

Babygeräte, z. B. der „Hopser", können diese Bewegungen nicht ermöglichen. Das Kind ist diesem Gerät hilflos ausgeliefert. Wenn es müde wird und nicht mehr mag, federt es dennoch weiter. Außerdem fehlt der Kontakt zur Bezugsperson und die Unterhaltung – gemeinsame Freude ist einfach schöner.

Noch mehr Gründe sprechen gegen den „Hopser". Das Baby hat nicht genug Halt, das begünstigt Rückenschäden . Oft berühren nur seine Fußspitzen den Boden; Fehlstellungen der Füße können die Folge sein.

*Lea hopst mit großer Freude auf den Beinen ihres Vaters. Er hebt sie etwas hoch, und Lea hebt die Beine eigenständig an.*

*Hier berührt Lea mit ihrem Fuß die Oberschenkel ihres Vaters. Sie reagiert mit der Streckung des Beines, um sich erneut abzustoßen. Leas Vater trägt durch den sicheren Schalengriff ihr Gewicht mit seinen Händen.*

# Ihr Baby im zweiten Halbjahr

*Schneller, als Sie es für möglich hielten, wird Ihr Kind jetzt selbstständig. Endlich kann es sich aus eigener Kraft fortbewegen. Diese Leistung erfüllt es mit berechtigtem Stolz.*

*Legen Sie sich einmal auf den Fußboden und betrachten Sie Ihre Wohnung aus der Perspektive Ihres Babys.*

Das zweite Lebenshalbjahr Ihres Kindes bringt eine Menge Veränderungen mit sich. Die zunehmende Mobilität des Babys erfordert spätestens jetzt eine kindersichere Umgebung. Sind alle Steckdosen gesichert? Oft werden Gefahrenquellen sichtbar, an die Sie vorher nicht gedacht haben.

Ihr Baby wird sich in den kommenden Monaten auf unterschiedliche Weise fortbewegen, z. B. durch Rollen, Kreiseln, Robben oder Krabbeln. Sie können sicher sein, dass es mit seiner „Technik" auch den kleinsten Winkel der Wohnung erforscht.

## Nur noch kurz in der Rückenlage

*Ihr Baby erreicht bald fast jedes angestrebte Ziel, wird aber manchmal durch ein Hindernis gestoppt.*

Liegt Ihr Baby auf dem Rücken, wird es seinen Körper ausgiebig kennen lernen und entdecken. Die Füße hat es mit Vorliebe im Mund. Mit sieben/acht Monaten mag es nicht mehr gern auf dem Rücken liegen, es kann jetzt in der Rückenlage über seine Körpermitte hinweg greifen und sich eigenständig zur Seite und auf den Bauch drehen. An dieser Bewegung hat es so viel Freude, dass es diese Drehung immer wieder vollzieht, um dann die Welt aus der Perspektive der Bauchlage zu betrachten.

Einige Babys protestieren nach einiger Zeit in der anstrengenden Lage auf dem Bauch, sie beherrschen die Drehung zurück auf den Rücken noch nicht. Für die Eltern ist dies eine schwierige Zeit. Sie drehen ihr Baby immer wieder in die Rückenlage zurück, doch schon nach kurzer Zeit hat es sich wieder auf den Bauch gedreht und lässt erneut Protest ertönen. Trösten Sie sich damit, dass diese Phase schnell vorbeigeht. Ihr Baby wird bald lernen, wie es sich auf den Rücken zurückdrehen kann. Viele Babys nutzen diese neu erworbene Fähigkeit auch für ihre Fortbewegung: Sie rollen durch die Wohnung. Einige sind dabei erstaunlich schnell und geschickt.

Wenn Sie dem Kind in die Rückenlage zurückhelfen wollen, strecken Sie am besten den Babyarm, über den Sie das Kind drehen wollen, nach oben. Mit Ihrer anderen Hand leiten Sie die Drehbewegung durch sanftes Führen der gegenüberliegenden Hüfte ein

(s. S. 63: *So gehts zurück*). Durch die Drehbewegung erfährt Ihr Kind, was es tun muss, um sich eigenständig auf den Rücken zu drehen.

Ihr Kind liegt mit gutem Gleichgewicht in der Seitenlage. Zum Spielen nutzt es den oberen Arm, um mit dem Gegenstand zu hantieren. Dabei stützt sich das Baby auf seinem unteren Ellenbogen ab; es liegt im seitlichen Ellenbogenstütz. Wird dem Baby ein Gegenstand von oben angereicht, greift es in dieser Lage gezielt nach oben. Das Baby hält in der Seitenlage seine Beine in Schrittstellung. Es übt schon im Liegen, wie es seine Beine beim zukünftigen Laufen bewegen muss. Später stützt es sich seitlich nicht mehr auf seinen Ellbogen, sondern auf seiner Hand ab, wodurch es eine noch höhere Position erreicht. Zum Ende des ersten Lebensjahres stützen sich manche Kinder bis in den Seitsitz hoch.

*Liegt ein Gegenstand seitlich neben Ihrem Baby, wird es sich auf seinem Ellbogen abstützen.*

## Mit beiden Händen greifen

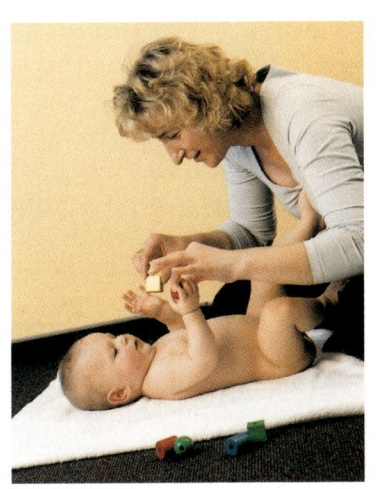

Ihr Baby greift mit gestreckter Hand inzwischen auch kleine Gegenstände, die es mit dem Mittel- und Zeigefinger sowie dem Daumen greift. Später lernt es die Hand bewusst zu öffnen, um einen Gegenstand fallen zu lassen. Es hat das „Wegwerfspiel" erfunden und beobachtet konzentriert und aufmerksam, wo der fallende Gegenstand geblieben ist. Für Eltern ist es anstrengend, den Gegenstand ständig aufzuheben, damit das Spiel immer wieder neu beginnen kann. Bedenken Sie jedoch, dass Ihr Kind Sie keinesfalls ärgern will. Spielerisch hat das Kind etwas über die Schwerkraft gelernt, es möchte jedoch auch noch entdecken, wie sich schwere und leichte Gegenstände beim Fallen verhalten und

*Die Hände Ihres Babys werden immer geschickter. Sie können ihm inzwischen in jede Hand einen Gegenstand geben.*

welche Geräusche sie dabei erzeugen. Wenn irgend möglich, lassen Sie das Kind den Gegenstand selber wieder aufheben. Beugen Sie sich mit dem Kind so zum Boden, dass es den Gegenstand greifen kann.

*Am Ende des ersten Lebensjahres ist Ihr Kind damit beschäftigt, die kleinsten Fusseln aufzulesen und in den Mund zu stecken.*

Seine Fingerbewegungen sind inzwischen so fein, dass es Krümel mit seinem gestreckten Zeigefinger und Daumen fasst, die Finger des Babys bewegen sich dabei ähnlich wie eine Pinzette.

Wahrscheinlich hat Ihr Kind jetzt auch entdeckt, wie es zwei Klötze gegeneinander klopfen kann. Es freut sich an dem von ihm erzeugten Geräusch. Mit einem Jahr füllt es mit Vorliebe kleine Gegenstände in Dosen oder Flaschen.

## Kaum mehr auf einer Stelle in der Bauchlage

*Kreiseln, Robben, Krabbeln – die ersten Krabbelversuche erfolgen oft im Rückwärtsgang.*

Die Bauchlage ist Ausgangspunkt für verschiedene Fortbewegungen des Babys. Liegt ein Spielzeug seitlich, dreht sich das Kind auf der Stelle um seinen Körper, so erreicht es das Spielzeug. Bei diesem Kreiseln um die eigene Achse, dient ihm sein Bauch als „Drehpunkt".

Einige Babys entdecken dann auch das Robben. Mit ihrem gebeugtem Unterarm ziehen sie den ganzen Körper nach vorn. Zunächst sind die Beine dabei noch unbeteiligt. Kurze Zeit später merkt das Kind, wie es seine Beine bewegen kann, um leichter nach vorn zu kommen. Manche Robber legen bei dieser anstrengenden Fortbewegungsart ein erstaunliches Tempo vor und behalten dieses Bewegungsmuster über längere Zeit bei, besonders wenn der Fußbodenbelag glatt ist. Andere Babys robben nur ganz kurz oder gar nicht. Sie bevorzugen den Vierfüßlerstand. Dabei stützt sich das Baby auf seine Hände und Knie, hat also die typische Krabbelstellung eingenommen. Bis es koordiniert krabbeln kann, vergeht meistens noch etwas Zeit, zunächst trainiert das Baby sein Gleichgewicht durch Hin- und Herschaukeln im Vierfüßlerstand. Gelingt es dem Baby, koordiniert zu krabbeln, macht es überkreuzende Arm- und Beinbewegungen.

Krabbelt das Baby sicher, klettert es auch über Hindernisse und erklimmt sogar Stufen.

Jetzt können Sie Ihr Kind auch in den Hochstuhl setzen, es hat durch seine vielseitigen Bewegungen seine Wirbelsäule inzwischen für das Sitzen ausreichend gestärkt. Dabei hat es ganz allein den Weg in den aktiven Sitz gefunden, Ihre Geduld hat sich gelohnt. Ebenfalls am Ende des ersten Lebensjahres richtet sich das Baby auf. Dafür zieht es sich an Gegenständen hoch. Plötzlich steht es frei und ist über sich selber erstaunt. Lassen Sie Ihrem Kind Zeit, bis es dann auch lau-

*Anna krabbelt auf den Hochstuhl.*

*Die meisten Kinder können sich dann aus dem Vierfüßlerstand eigenständig hinsetzen.*

fen will. Das freie Gehen fällt häufig in das zweite Lebensjahr. Ihr Kind macht nach einer längeren Phase des Ausprobierens seine ersten Schritte. Zunächst sind es kleinere Distanzen, die es überwindet, z. B. vom Tisch zum Sessel, später traut es sich auch größere Entfernungen zu und versucht auch, kleine Hindernisse laufend zu überwinden.

Führen Sie Ihr Kind, das das Laufen übt, keinesfalls an beiden Händen. Das Kind kann mit zwei hoch erhoben gehaltenen Armen nur schwer sein Gleichgewicht selbst ausbalancieren. Nebenbei, auch für Ihren Rücken ist diese Haltung nicht gut.

Eine ungünstige Wirkung haben auch die so genannten Lauflerngeräte: Das Baby kann nicht entscheiden, wann es wieder eine andere Haltung einnehmen möchte, es ist dem Gerät hilflos ausgeliefert. Die natürlichen Bewegungsabläufe wie Krabbeln, Aufrichten, Seitschritte, eigenständiges Stehen sind in Lauflerngeräten, auch „Gehfrei" genannt, unmöglich. Zudem begünstigen solche Geräte eine Spitzfußhaltung. Zu erwähnen ist auch das bestehende Unfallrisiko

*Haben Sie Geduld, wenn Ihr Kind dabei ist, sich das Laufen beizubringen!*

*Bitte kein Lauflerngerät!*

bei der Benutzung dieser Geräte. Kinder lernen mit diesen Geräten eher erst später das Laufen, es fehlen Ihnen Erfahrungen mit der Schwerkraft und dem eigenständigen Ausbalancieren des Körpers.

## Fremdeln, Sprachverständnis und das erste Nein

*Gestern noch lächelte Ihr Baby fremde Personen mit Vergnügen an, heute reagiert es ängstlich und ablehnend. Das Baby „fremdelt".*

Ihr Baby hat gerade gelernt, Personen zu differenzieren, ein guter und wichtiger Entwicklungsschritt. Jetzt sind Sie die wichtigste Person in seinem Leben, Ihr Kind will nur noch Ihre Nähe und Ihren Körperkontakt (das gilt normalerweise für Mutter und Vater) oder den von Personen, mit denen es am meisten zusammen ist.

Ihr Kind reiht Laute in Silbenform aneinander. Zunächst plaudert es ohne Sinnzusammenhang. Am Ende des ersten Lebensjahres ist sein Sprachverständnis schon so weit ausgeprägt, dass es einfache Sätze versteht, wenn sie häufig vorkommen. Auf die Frage: „Wo ist das Licht?" reagiert das Kind dadurch, dass es seinen Kopf in Richtung der Lichtquelle dreht. Später zeigt es auch mit dem Finger dorthin.

### Die guten alten Kinderreime und -lieder

Das Baby mag es, wenn Sie ihm rhythmische Verse vorsprechen. Selbst wenn es den Inhalt nicht vollständig erfassen kann, hat es Freude an dem Rhythmus und dem Klang Ihrer Stimme. Singen Sie dem Baby etwas vor, wird es Sie gefesselt anschauen. Das Baby lauscht der Melodie und Ihrer Tonlage. Erwachsene erhöhen ihre Stimme, sobald sie Babys etwas vorsingen, ebenso wie beim Sprechen mit dem Kind. Hohe Stimmlagen faszinieren das Baby besonders. Es schaut auf Ihren Mund und freut sich über bekannte Lieder, die es wiedererkennt. Im ersten Lebensjahr reichen dem Kind wenige, einfache Lieder, die häufig wiederholt werden.

*Ihre Stimme ist besser als jede Konserve.*

Kein Ersatz für Ihr Singen ist der Kassettenrecorder oder CD-Player. Das Baby kann nicht nachvollziehen, wer in diesen Geräten die Geräusche macht. Da fehlt ihm der persönliche Kontakt und die Zuwendung. Die perfekteste Baby-CD ersetzt niemals Ihre Stimme.

### Suchen und Finden

Ihr Baby erkennt nun auch Zusammenhänge. Sieht es einen fallen gelassenen Gegenstand nicht sofort, beginnt die Suche. Es hat gelernt, dass Gegenstände auch dann noch existent sind, wenn es sie zunächst weder hören noch sehen kann.

Aber nicht nur Gegenstände werden gesucht, Ihr Baby wird auch Sie suchen und jauchzen, wenn es Sie in Ihrem Versteck entdeckt hat. Die Zeit für vergnügte Versteckspiele ist gekommen. Wiederholungen geben dem Kind Sicherheit, es erkennt zunehmend Zusammenhänge: „Erst ist Mama zum Stuhl gekrabbelt und jetzt ist sie dahinter."

Sein Spielzeug findet es selbst dann, wenn Sie es mit einem Tuch verdecken. Es hat nun die Fähigkeit, sich zu erinnern.

Stolz wird es sein, sobald es entdeckt hat, dass sich Gegenstände auch mit einer Schnur heranziehen lassen. Das Baby erfasst den Zusammenhang zwischen der Ursache – dem Ziehen an der Schnur – und der Wirkung: dem Näherkommen des Gegenstandes.

*Diese Spiele findet Ihr Kind auch beim zwanzigsten Mal genau so lustig wie beim ersten Mal.*

### Nein!

Ist Ihr Baby ein Krabbelkind geworden, wird es wie ein Wirbelwind Ihre Wohnung entdecken. Sein Forscherdrang ist so stark, dass es unbedingt Erfahrungen sammeln möchte. Räumt es zum x-ten Mal die Bücher aus dem Regal, tut es dies nicht, um Sie zu ärgern. Es probiert aus, wie unterschiedlich schwer Bücher sind und wie sie sich anfühlen.

Ihr Baby braucht die Gelegenheit, den Umgang mit Gegenständen, die zum Haushalt gehören, im Kontakt mit Ihnen zu lernen. In fünf Jahren wird Ihr Kind nicht beim Tischdecken helfen können, wenn es vorher nie Kontakt mit Porzellantellern gehabt hat. Zeigen Sie Ihrem Baby, wie behutsam Sie mit Ihren Gegenständen umgehen, denn im zweiten Lebenshalbjahr passt das Baby seine Handlungen mehr und mehr denen seiner sozialen Umwelt an. Es hat Spaß daran, Sie nachzuahmen. Möchte Ihr Kind allerdings, trotz Ihres Vorbilds im Umgang mit Büchern, diese lieber zerreißen, sagen Sie: „Nein, das ist Mamas Buch, das darf Sven nicht zerreißen" und neh-

*Es ist nicht sinnvoll und auch nicht machbar, alle Gegenstände vor dem Baby wegzuräumen.*

95

men ihm das Buch ab. Sie können dann entscheiden, ob Sie bei diesem klaren und alternativlosen „Nein" bleiben oder Ihrem Kind etwas anderes geben, z. B. einen alten Katalog, den es zerreißen kann.

*Es wird noch einige Zeit vergehen, bis Ihr Kind „Mein" und „Dein" unterscheiden kann.*

Durch Ihre liebevolle Konsequenz wird das Kind lernen, dass es manche Dinge nicht haben kann. Es kann die Einschränkungen besser akzeptieren, wenn sie von beiden Elternteilen übereinstimmend ausgesprochen werden. Gut ist es auch, wenn Sie „doppelte Botschaften" vermeiden, denn Ihr Kind würde es als Aufforderung verstehen, wenn Sie ihm lachend sagen: „Nein, du kleiner Racker, da darfst du nicht dran."

Bevor Sie Ihr erstes „Nein" aussprechen, sollte Ihr Baby schon tausendmal vorher Ihr „Ja" gehört haben. Zu viele Verbote sind für Sie und Ihr Baby gleichermaßen anstrengend.

Sinnvolle Verbote kann Ihr Kind besser nachvollziehen. Hat es schon einmal die warme/heiße Herdplatte berührt, erkennt es den Zusammenhang zwischen dem Wort „heiß" und Ihrem „Nein", wenn Sie ihm sagen: „Nein, Mara, der Herd ist heiß." Bei einigen Verboten wird Ihr Kind jedoch lautstark protestieren und weinen. Das tut es nicht, um Sie zu provozieren, es ist in seiner Entdeckerfreude abrupt gestoppt worden und fühlt sich nun hilflos und klein.

*Begleiten Sie Ihr Kind in seiner Enttäuschung und Wut.*

Es fühlt sich ernst genommen, wenn Sie seine Gefühle aussprechen und z. B. formulieren: „Mara ist wütend und traurig, weil sie nicht an den Herd darf." Sucht das Kind dann bei Ihnen Trost, wird es ihm gut tun, diesen auch zu bekommen.

Der Laufstall ist o. k., solange Sie duschen oder die Wäsche versorgen wollen, als Dauerlösung ist er aber nicht geeignet. Da eignet er sich eher als Aufbewahrungsort für große Topfpflanzen oder ähnliche Gegenstände, die das Baby gefährden können; es kann besser außen herumkrabbeln.

*Der Laufstall ist kein geeigneter Aufenthaltsort für das Baby.*

Von Zeit zu Zeit ist es sinnvoll, die aufgestellten Verbote zu überprüfen. Ihr Kind entwickelt und verändert sich stetig. Gestern war die Treppe noch ein unüberwindliches und gefährliches Hindernis, heute schafft das Kind es schon, sicher hoch zu krabbeln. Warum sollte es das nicht tun, wenn Sie dabei sind und Ihr Baby dabei begleiten?!

Viele Kinder beginnen mit dem Laufen erst im zweiten Lebensjahr. Dann können Sie ihm viele Spiele aus diesem Buch anbieten. Für Ihr Kind ist es schön, wenn Sie Ihre gemeinsame Spielzeit auch weiterhin beibehalten.

## Veränderungen im zweiten Halbjahr

Viele Veränderungen werden Sie nun an Ihrem Kind bemerken können. Inzwischen hat sich meist ein fester Schlaf-Wach-Rhythmus bei Ihrem Kind eingestellt. Ihr Baby schläft jetzt deutlich weniger, aber meistens zu gleichen Zeiten. Somit können Sie nun auch Ihren Tag besser planen, Einkäufe und Ausflüge lassen sich leichter an den Tagesrhythmus des Babys anpassen.

Ist Ihr Kind mobil, kann es selber entscheiden, zu welchen Personen es Kontakt aufnehmen möchte. Diese Fähigkeit ist für Ihr Baby großartig. Es krabbelt bewusst auf Menschen zu, kehrt aber auch wieder zu Ihnen (seiner sicheren Basis) zurück, wenn es ihm unheimlich wird oder es Trost und Sicherheit braucht.

Wichtiger als der Zeitpunkt, wann eine Entwicklungsstufe erreicht wird, ist es, dass ein Entwicklungsschritt auf den nächsten folgt. Häufig liegt das Augenmerk auf den motorischen Fähigkeiten des Kindes. Dabei wird schnell vergessen, dass sie nur ein Teilbereich sind. Zur Persönlichkeit des Kindes gehören noch andere Bereiche wie z. B. die Sprach, Sozial- und die Wahrnehmungsentwicklung und die geistige Entwicklung. Es gibt immer Grund zur Freude über die Fähigkeiten der Kinder in einem dieser Entwicklungsbereiche.

Obwohl Ihr Baby sich schon für kurze Zeit allein beschäftigen kann, benötigt es Ihre Nähe und Zuwendung nach wie vor. Sie sind für Ihr Kind weiterhin eine wichtige Spielpartnerin/ein wichtiger Spielpartner.

Die meisten PEKiP-Spiele für Kinder im zweiten Halbjahr sind, ebenso wie die Spiele im ersten Halbjahr, in den unmittelbaren Kontakt zwischen Eltern/Bezugsperson und Kind eingebettet. Ihrem Kind tut es gut, wenn Sie sich auch jetzt noch täglich eine Spielzeit „reservieren", in der Sie frei von anderen Verpflichtungen sind.

*Die weiteren Spiele im Buch sind nicht mit einer Altersangabe versehen. Sie sollten sich am Motto der Spiele und dem jeweiligen Entwicklungsstand Ihres Babys orientieren.*

Außerhalb dieser Spielzeit lernt Ihr Kind, auch mal zu warten, bis Sie sich ihm uneingeschränkt widmen können. Es erlebt Zeiten am Tag, wo seine Eltern nicht zum Spielen aufgelegt sind. Diese kann Ihr Kind besser akzeptieren, wenn es Sie in der gemeinsamen Spielzeit als zugewandt und aufmerksam erlebt.

*Viele der Gegenstände, die Sie weiter für die PEKiP-Spiele benötigen, sind in Ihrem Haushalt vorhanden.*

Nutzen Sie die Gegenstände, zu denen Ihr Kind ohnehin Kontakt hat. Bei einigen Spielanregungen denken Sie vielleicht „Das macht mein Kind doch sowieso!" Das kann gut sein. Die PEKiP-Spiele und Anregungen unterstützen Babys in ihrer natürlichen Entwicklung, dazu gehört auch, dass Kinder sich ihre Spiele selber suchen, mit den Gegenständen und Materialien ihrer Umgebung. Mit den PEKiP-Anregungen können Sie Ihr Kind dabei bewusst begleiten und unterstützen. Manchmal mit so einfachen Gegenständen, wie z. B. der Haushaltsleiter, an der Ihr Kind unermüdlich das Aufrichten probt.

*Am wohlsten wird sich Ihr Baby fühlen, wenn es auch jetzt noch nackt spielen darf.*

Gibt es ein Zimmer mit einem abwaschbaren Fußboden, wo das Kind nackt sein kann, so lassen Sie ihm das Vergnügen. Einige Spiele sind aber auch problemlos in das normale Geschehen zu integrieren. Besonders die Spiele für Babys Hände. Hier ist das Nacktsein nicht ganz so wichtig.

# Spiel- und Bewegungs-anregungen für das zweite Halbjahr

*Robben, Krabbeln, Sich-Aufstellen – das sind Meilensteine für Ihr Baby. Mindestens ebenso viel Freude hat es an den ersten Versteckspielen.*

---

**Spielzeug und Gegenstände für die PEKiP-Spiele s. S. 56 und S. 78, hinzu kommen im zweiten Halbjahr**

- Haushaltsgegenstände (z. B. Topf, Schüssel, leere Dosen, Kochlöffel, Löffel, Wäscheklammern)
- Eine schräge Ebene (z. B. Brett, Matratze, Bügelbrett)
- Bälle aus verschiedenen Materialien und in unterschiedlichen Größen
- Bilderbuch
- Trinkbecher aus Plastik
- Ein dünnes Tuch
- Haushaltsleiter
- Schuhkarton und größere Kartons
- Kiste oder Koffer
- Eine leere Plastikflasche
- Ein Spielzeug am Band
- Ein Holzauto
- Eine kleine Puppe
- Ein Stuhl

*Die Freude am Spiel mit dem Wasserball bleibt auch im zweiten Lebenshalbjahr erhalten.*

Im zweiten Halbjahr mag Ihr Baby bestimmt immer noch die Spiele des zweiten Vierteljahres. Für die Wasserball-Spiele benötigen Sie jetzt allerdings einen größeren Wasserball mit ca. 40 cm Durchmesser.

## Für Babys Hände

*Das Baby lernt, wie es einen großen Gegenstand festhalten muss, damit er nicht hinfällt, und wie es mit langen Gegenständen hantieren kann.*

Das Baby ist mittlerweile recht neugierig geworden und will alles greifen und fühlen. Es probiert z. B. aus, wie sich der Teelöffel anfühlt, und schlägt mit ihm auch auf den Tisch. Es begreift seine Welt dadurch, dass es diese Erfahrung machen darf. Bieten Sie ihm weiterhin unterschiedliche Materialien und Gegenstände verschiedener Größe und Beschaffenheit an. Interessant werden auch Gegenstände, mit denen es Effekte erzielt, z. B. ein quietschendes Gummitier.

### Küchenutensilien im Test

Falls es möglich ist, reservieren Sie Ihrem Kind einen Schrankteil mit Küchengegenständen, die es ausräumen darf. Sie werden staunen, mit welcher Geduld Plastikschüsseln und -becher ineinander gesteckt und begutachtet werden. Erhält Ihr Kind „seinen Schrank", akzeptiert es leichter, dass es auch Schranktüren und Schubladen gibt, die es nicht öffnen darf.

*Ihre Küche fordert Babys Forscherdrang heraus. Schneebesen und Kochlöffel bieten sich für Experimente an.*

### Geräusche erzeugen

Geben Sie Ihrem Baby zunächst nur einen Holzklotz. Wahrscheinlich begutachtet es den Klotz und konzentriert sich darauf, ihn nicht fallen zu lassen. Später versucht es, mit dem Gegenstand zu klopfen. In Bauchlage kann es das auf dem Fußboden tun.

*Sie benötigen zwei kleine, gut greifbare Holzklötze.*

Kann Ihr Kind schon eigenständig sitzen, bietet sich von Ihrem Schoß aus die Tischplatte für dieses Spiel an. Ihr Kind freut sich sicher, wenn es erkennt, dass es durch Klopfen selber Geräusche verursachen kann.

Später können Sie Ihrem Baby dann auch den zweiten Klotz in die andere Hand geben; es wird nicht lange dauern, und es schlägt die Klötze gegeneinander.

### Lange Gegenstände greifen

Reichen Sie Ihrem Baby den Stab so, das es ihn gut fassen kann. Variieren Sie das Spiel, indem Sie einen Kochlöffel oder Holzstab mal waagerecht und mal senkrecht halten.

Schauen Sie, wie Ihr Baby den Gegenstand anfasst. Sie werden sehen, das Baby passt seine Handbewegungen der Lage des Stabes an, um danach greifen zu können.

Kennt Ihr Kind das Spiel, werden Sie merken, dass sich die Hand schon dreht, bevor der Stab gegriffen wird. Diese Vorweganpassung der Hand, die äußerste Konzentration von Ihrem Kind verlangt, ist eine große Leistung. Ihr Baby kann seine Erfahrungen, die es im Umgang mit dem Holzstab gemacht hat, nun auch auf andere Gegenstände übertragen.

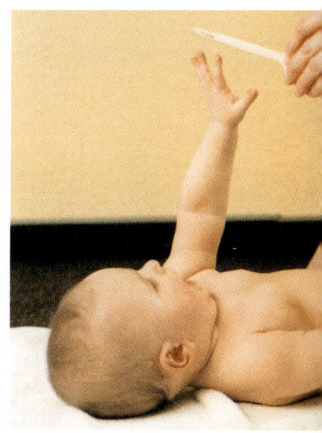

*Ihr Baby hat die henkellosen Plastikbecher entdeckt. Stecken Sie die Becher ineinander.*

### Sooo viele Becher!

Das Kind kann versuchen, die Becher auseinander zu ziehen. Dabei erfährt es, wie sich ein Gegenstand in viele „verwandeln" kann.

Später wird es die Becher selber ineinander stecken und wieder auseinander ziehen.

### Die dritte Dimension wird erforscht

Hohle Gegenstände wecken das Interesse Ihres Kindes. Der Becher oder die kleine Schüssel eignen sich, um ihm ein Hineingreifen zu ermöglichen. Ihr Kind wird den Becher oder die Schüssel ausgiebig erkunden, indem es ihn/sie von allen Seiten betastet und schließlich wagt, die Tiefe zu erforschen und hineinzufassen, zunächst nur vorsichtig mit den Fingern, schließlich mit der ganzen Hand.

*Sie brauchen einen Becher oder eine kleine Plastikschüssel.*

### Was verschwindet in der Tiefe?

Für dieses Spiel brauchen Sie eine Plastikschüssel, einen Korb oder einen Karton. Zum Einfüllen nehmen Sie Wäscheklammern, Teelöffel oder Deckel von z. B. Babygläsern. Bieten Sie Ihrem Kind einen der oben genannten hohlen Gegenstände an. Füllen Sie ihn mit den Klammern, den Löffeln, den Deckeln oder einer Mischung von allen.

Zunächst wird das Kind die Gegenstände ausräumen. Später wird es Freude haben, die Klammern, Löffel oder Deckel wieder einzuräumen (damit es sie dann wieder ausräumen kann). Spielen Sie ruhig mit beim Aus- und Einräumen, Ihr Baby hat dann doppelten Spaß.

*Sophie füllt die Schüssel nicht nur mit Löffeln;*
*auch Bälle eignen sich hervorragend.*

## Passt die Hand in die Öffnung?

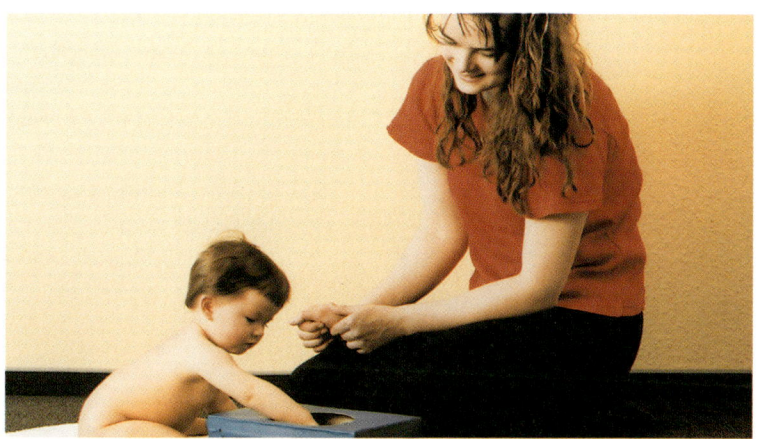

Schneiden Sie in den Deckel eines Schuhkartons ein Loch, durch das Ihr Baby greifen kann. Sobald sich Ihr Kind mit Hohlkörpern vertraut gemacht hat, interessiert es sich auch für enge Öffnungen. Das Baby steckt seine Finger in Flaschenöffnungen und traut sich erstmals, seine Hand auch dann in einen Hohlkörper zu schieben, wenn es die Hand nicht mehr sehen kann. In dieser Entwicklungsphase können Sie das Spiel Ihres Kindes wie folgt anregen: Zeigen Sie ihm, wie Sie einen Gegenstand, z. B. eine Wäscheklammer, in den Schuhkarton legen. Hat Ihr Baby die Klammer entdeckt, greift es in den Karton und holt die Klammer heraus.

*Falls Ihr Baby es schafft, den kompletten Deckel abzuheben, kleben Sie ihn einfach fest.*

### Wie passt das da rein?

Schneiden Sie in den Deckel einer Dose ein kleines Loch. Zum Füllen verwenden Sie Teelöffel oder Wäscheklammern. Ihr Baby hat die Möglichkeit, die Klammern oder die Löffel in die Dose zu werfen. Es erfährt im Spiel, dass es die Klammer senkrecht halten muss, um sie in die Dose füllen zu können. Hat es die Erfahrung gemacht, dass die Klammer waagerecht nicht durch das Loch passt, ist es in der Lage, diese Erkenntnis umzusetzen. Es dreht seine Hand mit der Klammer vorher in die senkrechte Lage und freut sich über seinen Erfolg. Lassen Sie ihm Zeit, es braucht schon einige Versuche bis dahin.

*Für dieses Spiel eignet sich eine Kaffeedose mit Plastikdeckel.*

*Wichtig: Lassen Sie Ihr Kind nie allein mit kleinen Gegenständen spielen. Es könnte sie verschlucken. Geben Sie ihm nicht mehr als zwei Gegenstände, die Sie schnell an sich nehmen, bevor Sie auf die Tür- oder Telefonklingel reagieren.*

### Kleine Gegenstände greifen und einfüllen

Sie können Babys Feinmotorik unterstützen, indem sie ihm kleine Gegenstände wie Holzperlen oder Holzstäbchen anbieten.

Hat Ihr Kind Freude am Greifen kleiner Gegenstände, können Sie ihm eine Plastikflasche anbieten, die es damit füllen darf.

*Hier wird der intensive Kontakt der Kinder untereinander deutlich. Anna und Sophie machen „Teamwork".*

### Wo ist der Ball geblieben?

Zeigen Sie Ihrem Kind, wie Sie den Ball in die Röhre werfen. Es wird staunen, dass der Ball an der anderen Seite wieder herausrollt, wenn Sie die Röhre schräg halten. Schaut Ihr Kind einige Male Ihrem Tun zu, wird es versuchen, ebenfalls Bälle in die Röhre zu füllen. Später kann Ihr Kind die Röhre mit einer Hand festhalten und mit der anderen Hand die Bälle einfüllen.

### Die Wunderröhre

*Sie benötigen eine größere Pappröhre, z. B. eine Plakatrolle, und kleine Bälle, z. B. Tischtennis-Bälle.*

Stechen Sie in die Röhre zwei gegenüber liegende Löcher, durch die Sie dann ein Band, z. B. einen Schnürsenkel, ziehen. An beiden Seiten der Röhre hängt ein Bandende herunter, nach denen Ihr Kind nun greifen kann. Wenn Sie eine Holzperle am Bandende befestigen, fällt es Ihrem Kind leichter, danach zu greifen.

Ihr Baby wird zunächst nur ein Band greifen und ziehen. Es wird sich wundern, dass dieses Band länger wird und das andere Band mehr und mehr verschwindet. Später wird es versuchen, mit beiden Händen nach den Bändern zu greifen um abwechselnd daran zu ziehen.

Ihr Kind lernt auch hier den Zusammenhang zwischen Ursache (Ziehen des Bandes) und Wirkung (Verkürzung des anderen Bandes) kennen. Es erlebt, wie sein Tun Gegenstände verändern kann.

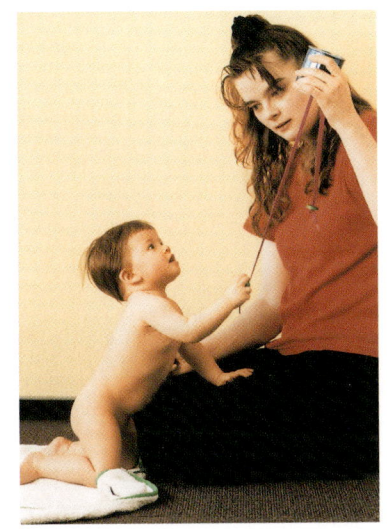

*Sophie stützt sich mit einer Hand auf dem Oberschenkel der Mutter ab, während sie mit der anderen Hand am Band zieht.*

### Was schaut da raus?

Stecken Sie das Tuch so weit in die Röhre, dass nur ein kleiner Zipfel zu sehen ist. Was tut Ihr Kind? Versucht es den Zipfel zu fassen? Zieht es am Tuchzipfel, kann es probieren „nachzugreifen" und das Tuch komplett aus der Röhre ziehen.

*Auch für dieses Spiel benötigen Sie die Röhre und zusätzlich ein dünnes Tuch.*

### Bauklötze stapeln

Babys hantieren gern mit Bauklötzen. Es macht Ihrem Kind noch mehr Spaß, wenn Sie mitspielen.

Dabei können Sie Ihrem Baby zeigen, wie Sie zwei Klötze aufeinander stellen. Sicherlich macht es Ihrem Kind Freude, den kleinen Turm umzuwerfen; später wird es versuchen, Sie nachzuahmen. Dieser Bewegungsablauf ist sehr komplex. Ihr Kind dreht den Bauklotz so, dass er auf den ersten Klotz passt, ohne herunter zu fallen. Es lernt den Bauklotz loszulassen und die Hand anzuheben, ohne den Klotz zu berühren und umzuwerfen.

*Der erste Turm – erst umwerfen, dann selbst bauen.*

### Hurra, das Spielzeug kommt näher

Die Länge des Bandes sollte ca. 30 cm betragen. Legen Sie das Spielzeug so auf den Boden, dass das Baby nur die Schnur erreichen kann. Zieht es an der Schnur, wird es merken, wie das Spielzeug durch

*Sie benötigen ein Spielzeug, z. B. ein Holzauto.*

sein Ziehen näher kommt. Auch hier können Sie Ihrem Baby das Greifen erleichtern, indem Sie das Ende häufig verknoten oder eine Holzperle daran befestigen. Verknoten Sie aber die Perle mehrfach, damit sie sich keinesfalls lösen kann.

Ihr Baby lernt auch bei diesem Spiel wieder die Wirkung seines Handelns kennen. Bald weiß es, dass es nicht nur Gegenstände mit der Schnur heranziehen kann, sondern dass auch Dinge, die auf dem Tisch liegen, mit Hilfe der Tischdecke heruntergezogen werden können! Oder: wie es seinen Arm durch einen Kochlöffel „verlängern" kann, um damit Gegenstände in einem Regal zu erreichen.

## Bauchlagenspiele für „große Babys"

Im zweiten Lebenshalbjahr liegen Babys meistens gern auf dem Bauch. Aus dieser Lage werden dann auch die ersten Fortbewegungsversuche gestartet. Mit folgenden Spielen können Sie Ihr Baby bei seinen ersten Robb- oder Krabbelversuchen unterstützen.

### Von oben herab

*Dafür benötigen Sie eine Plastikschüssel und kleine Gegenstände, z. B. Wäscheklammern.*

Wenn Ihr Baby die Bauchlage noch nicht so mag, können Sie ihm das Liegen auf dem Bauch attraktiver gestalten: Legen Sie Ihr Kind quer über Ihre Oberschenkel, die Arme des Kindes sind in dieser Lage frei. Die mit Gegenständen gefüllte Schüssel stellen Sie so an Ihre Seite, dass Ihr Baby alles gut erreichen kann. Von oben nach unten spielt es sich leichter, die Bauchlage ist nicht so anstrengend, weil das Abstützen wegfällt.

### Hoch hinaus greifen

Hat Ihr Baby in Ihrer Wohnung einen Karton, eine Kiste oder ein Polster entdeckt, wird es versuchen, mit einer Hand auf die erhöhte Fläche zu greifen.

Dabei stützt es sich in der Bauchlage sicher mit einer Hand ab und verlagert sein Gewicht so, dass es mit der anderen Hand nach oben greifen kann. Sie können Ihr Baby weiter zum Greifen anregen:

Legen Sie ein Spielzeug auf den Karton, die Kiste oder das Polster. Damit Ihr Kind das Spielzeug auch errei-chen kann, sollten Karton, Kiste usw. nicht höher als 10–15 cm sein.

*Sie brauchen einen Karton oder eine Kiste oder ein Polster.*

### Was hängt da oben?

Halten Sie ein Spielzeug so vor Ihr Baby – es liegt in Bauchlage auf dem Boden –, dass es gut herankommen kann. Greift Ihr Kind sicher nach dem Spielzeug, können Sie das Spielzeug auch leicht nach rechts oder links bewegen. „Hängende" Gegenstände sind schwerer zu greifen als liegende. Ihr Baby balanciert mit seinem Körper sein Gleichgewicht aus; es stützt sich auf die eine Hand, während es mit der anderen Hand nach oben greift.

*Sie können Ihr Kind auch mit diesem Spiel anregen, nach oben zu greifen.*

### Starthilfe für Babyfüße

Trotz aller Anstrengungen verlaufen die ersten Robbversuche zunächst erfolglos. So können Sie sanfte Starthilfe geben: Wenn Ihr Baby auf dem Bauch liegt und ein Spielzeug erreichen möchte, unterstützen Sie es durch einen sanften Druck mit Ihrer flachen Hand gegen seine Fußsohlen. Ihre Hand gibt dem Baby Halt, es winkelt seine Beine an, um sich nach vorn abzustoßen. Es freut sich, wenn es das Spielzeug erreicht hat.

*Das Baby sieht ein Spielzeug und bemüht sich vergeblich, es zu erreichen.*

### Drehung um die eigene Achse

*Für dieses Spiel benötigen Sie ein gut greifbares Spielzeug.*

Viele Babys haben, bevor sie krabbeln können, Spaß daran, sich seitlich abzustoßen, wenn sie auf dem Bauch liegen. Sie stützen sich mit einem Bein (auch die Zehen sind daran beteiligt) und dem gegenüberliegenden Arm so ab, dass sie sich im Kreis um ihre eigene Körperachse drehen. Sie können Ihr Baby zu dieser Bewegung anregen, wenn Sie das Spielzeug seitlich neben das Kind legen. Es kann mit einer Hand zum Spielzeug greifen, während es mit der anderen Hand die Drehbewegung durch Abstützen einleitet. Dreht sich Ihr Baby immer zur gleichen Seite, können Sie es mit dem Spielzeug anregen, auch mal die andere Seite auszuprobieren.

### Drehen auf Mamas Bauch

*Die vorherige Anregung können Sie Ihrem Baby auch auf Ihrem Körper anbieten.*

Machen Sie es sich in Rückenlage bequem auf den Fußboden (ein Kissen für Ihren Kopf macht es angenehmer). Ihr Baby legen Sie so auf Ihren Körper, dass es Sie gut anschauen kann. Jetzt können Sie Ihrem Kind das Spielzeug zeigen und es dann seitlich auf den Boden legen. Das Spielzeug wird es anregen, sich auf Ihrem Körper um seine eigene Achse zu drehen, um das Spielzeug zu erreichen. Denken Sie auch hier an die andere Seite.

Variation: Ist Ihr Baby gerade in der Phase, wo die Robb- und Krabbelversuche "nach hinten losgehen", können Sie das Spielzeug etwas weiter in Richtung Ihrer Füße platzieren. Das Baby wird dadurch angeregt, sich mit seinen Händen und Füßen nach hinten abzustoßen, um an das Spielzeug zu gelangen.

### Im Rückwärtsgang zum Spielzeug

*Alle Anstrengungen umsonst: Das Baby stößt sich nach hinten ab und entfernt sich immer weiter vom Spielzeug.*

Welche Eltern kennen das nicht? Das Baby möchte an ein Spielzeug gelangen, unternimmt zahlreiche Krabbelversuche, leider ohne Erfolg. Aus zufriedenen Babys werden dann quengelige Meuterer. Legen Sie deshalb das Spielzeug zur Abwechslung an Babys Seite, durch das Abstoßen nach hinten kann das Baby sein Spielzeug erreichen und hat endlich ein Erfolgserlebnis.

# Spiele für Krabbler

Sobald Ihr Baby krabbeln kann, möchte es dies ständig und überall, es freut sich über seine neue Fähigkeit. Geben Sie ihm die Möglichkeit, ausgiebig zu krabbeln, denn durch das Krabbeln wird der Gleichgewichtssinn weiter verfeinert. Dieser hilft ihm später beim Laufen. Mit folgenden Spielen können Sie Ihr Kind beim Krabbeln unterstützen:

### Dem Spielzeug auf der Spur
Legen Sie das Spielzeug in eine für das Kind erreichbare Entfernung. Ihr Baby wird durch das Spielzeug und Ihre Ansprache motiviert, eine kleine Distanz durch Krabbeln zu überwinden. Freuen Sie sich mit ihm über diesen Erfolg.

*Sie können Ihr Kind zum Krabbeln anregen, wenn Sie ihm ein interessantes Spielzeug, z. B. einen Ball, zeigen.*

### Der Slalomparcours
In Ihrer Wohnung sind bestimmt einige Gegenstände vorhanden, mit denen Sie Ihrem Kind einen Slalomparcours aufbauen können. Einige dieser „Hindernisse" kennt Ihr Kind bestimmt schon.

*Geeignet sind Kisten, Kartons, Stühle oder andere große Gegenstände.*

*Babys werden durch den Körper der Eltern mehr zum Krabbeln angeregt als durch Gegenstände.*

Stellen Sie die Gegenstände jetzt aber so auf, dass Ihr Baby um die Gegenstände herum- oder zwischen ihnen herkrabbeln kann.

Das Kind weicht beim Krabbeln nach links oder rechts aus, dabei orientiert es sich im Raum und passt seine Körperbewegungen den schmalen Durchgängen an.

Krabbeln Sie ihm die Strecke doch einmal vor, es hat bestimmt Spaß daran, hinter Ihnen her zu krabbeln. Später wird es sogar versuchen, Sie zu fangen.

### Abwärtskrabbeln mit leichter Unterstützung

Legen Sie sich in Rückenlage auf den Boden – Ihr Baby liegt in Bauchlage quer auf Ihrem Körper. So können Sie es anregen, von Ihrem Körper hinunterzuklettern. Sie zeigen Ihrem Kind ein Spielzeug und legen es seitlich neben sich auf den Boden. Ihr Baby wird sicherlich versuchen, an das Spielzeug zu gelangen, und lernt, auch Höhenunterschiede zu bewältigen.

Legen Sie Ihrem Kind vorsichtshalber eine Hand auf den Rücken, damit es nicht fallen kann.

### Die Berg-und-Tal-Kletterpartie

*Ihre Beine bieten sich hervorragend als Hindernis für Ihr Krabbelbaby an.*

Bei diesem Spiel sitzen Sie mit gestreckten Beinen auf dem Boden. Wenn Sie Ihre Beine spreizen, kann Ihr Kind über „Berg und Tal" krabbeln.

Beim „Abwärtsklettern" können Sie das Kind unterstützen, wenn Sie ihm eine Hand auf den Rücken oder den Po legen.

Sie können auch zu zweit eine „Kletterlandschaft" bauen. Dafür setzen Sie sich mit gestreckten Beinen gegenüber auf den Boden. Die Erwachsenen können sich in dieser Position anschauen. Spreizen Sie Ihre Beine etwas, um Ihrem Baby eine größere Hindernisfläche zu bieten. Regen Sie Ihr Baby durch ein Spielzeug an, über Ihre Beine zu krabbeln. Das Kind versucht, die Hindernisse zu überwinden, um das Spielzeug zu erreichen.

Variation: Sie können Ihrem Baby anstelle Ihrer Beine auch Gegenstände, z. B. Kisten, Koffer oder eine zusammengerollte Decke zum Überkrabbeln anbieten.

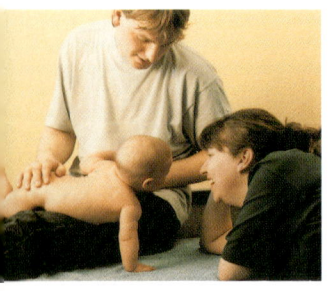

### Krabbelspaß auf erhöhter Fläche

Sobald Ihr Kind sicher krabbelt, möchte es dieses Können auch auf einer erhöhten Fläche unter Beweis stellen. Ihr Baby krabbelt auf dem Brett entlang, wobei es versucht, im Gleichgewicht zu bleiben, denn das Regalbrett ist schmal, da muss es gut aufpassen, um nicht mit einem Arm oder Bein abzurutschen.

Variation: Anstelle eines Bretts können Sie Ihrem Kind eine Kinderbett-Matratze zum Krabbeln anbieten. Das Kind ist dabei gefordert, sich mit seinen Bewegungen der Matratze anzupassen, um nicht aus dem Gleichgewicht zu kommen.

Beherrscht Ihr Baby den kleinen Höhenunterschied, können Sie das Brett oder die Matratze leicht erhöhen (ca. 10–15 cm) Dazu eignen sich Kissen, zusammengerollte Decken oder flache Kartons.

*Sie brauchen ein flach auf den Boden gelegtes Brett, z. B. eine Einlegeplatte für den Tisch oder ein Regalbrett. Eine Decke mindert die Härte.*

### Hinunter geht es so

Babys versuchen meistens, vorwärts von erhöhten Flächen hinunterzuklettern. Bei niedrigen Höhen mag dies auch gelingen, doch bald locken auch höher gelegene Flächen, z. B. die Couch, zum Abstieg. Sie können Ihrem Kind den „Abstieg" sicherer machen, wenn Sie ihm durch sanftes Führen an der Hüfte zu einer Drehung verhelfen; seine Füße erreichen dann zuerst den Boden. Sagen Sie Ihrem Kind dabei stets das gleiche Wort: „Umdrehen" oder „Rückwärts". Ihr Baby verbindet sein Tun mit Ihrem Wort und lernt bei häufiger Wiederholung, sich selbstständig zu drehen, bevor es den Abstieg in Angriff nimmt.

*So kommt Ihr Baby sicher von der Couch herunter.*

### Auf der schrägen Ebene

Beherrscht Ihr Baby schon das Krabbeln auf geraden Flächen, wird es sich nun auch an die Schräge wagen. Ein Brett oder eine Matratze wird durch ein Polster oder eine Decke an einer Seite erhöht und so zur schrägen Krabbelfläche für Ihr Kind.

Zunächst wird es von unten nach oben krabbeln, doch schon bald ist es auch für die umgekehrte Richtung mutig genug. Besonders beim „Abstieg" balanciert das Baby geschickt sein Gleichgewicht aus, um die Schräge zu bewältigen.

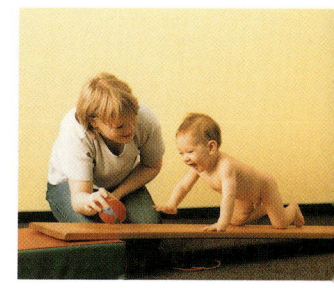

### Kopf einziehen bei niedrigen Gegenständen

*Locken Sie Ihr Kind, dass es unter einem niedrigen Stuhl hindurch zu Ihnen krabbelt.*

Bisher braucht Ihr Baby viel Platz zum Krabbeln, nicht nur zu allen Seiten, sondern auch in der Höhe. Fühlt es sich krabbelnd sicher, möchte es auch unter niedrigen Gegenständen hindurchkrabbeln, z. B. unter einem Stuhl. Dabei lernt es, sich mit seinen Bewegungen den Hindernissen anzupassen. Es schaut vorher genau hin und zieht dann den Kopf – dem Hindernis entsprechend – ein, damit es „passt".

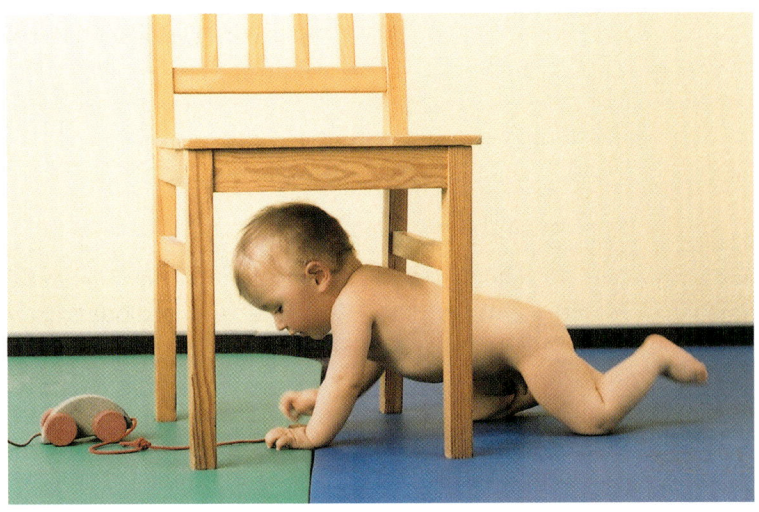

*Patrick hat die niedrige Sprosse des Stuhls schon überwunden, das Spielzeug ist erreicht.*

### Fühlerfahrungen für die Knie

*Sie brauchen verschiedene Materialien, z. B. eine Decke, eine saubere Sisalmatte, ein Schaffell, etwas Wellpappe, ein Stück Teppich oder eine Luftmatratze.*

Legen Sie einige der Materialien aneinander gereiht auf den Boden. Sie dienen als „Fühlstrecke".

Bislang hat Ihr Baby seine Tasterfahrungen hauptsächlich mit den Händen gemacht, es hantierte mit Gegenständen aus unterschiedlichen Materialien und „prüfte" diese auf ihre Beschaffenheit. Es wird erstaunt reagieren, wenn nun auch seine Knie mit anderen Materialien in Berührung kommen. Wie reagiert Ihr Baby? Ist es vorsichtig und abwartend oder eher „draufgängerisch"?

Sie können auch gemeinsam mit Ihrem Baby fühlen und zu ihm sprechen. Mag es lieber weiche Untergründe, oder bevorzugt es harte? Vielleicht interessiert es sich auch für eine Luftmatratze, die hohe Anforderungen an sein Gleichgewicht stellt. Experimentieren Sie zusammen, auch für Erwachsene ist es spannend, bewusst zu fühlen und hinter oder vor ihrem Kind über die verschiedenen Bodenbeläge zu krabbeln.

*Ihr Baby entscheidet selbst, ob es über diesen ihm unbekannten Untergrund krabbeln möchte.*

Lässt das Wetter es zu, kann Ihr Kind auch draußen vielfältige Erfahrungen machen, dort kann es Sand oder Gras fühlen. Wenn es mag, darf es darüber krabbeln und auch den ersten Hügel „erklimmen".

## Spiele zum Aufrichten

Ihr Krabbelkind entdeckt täglich etwas Neues. Hat es geschafft, eigenständig in den Sitz zu kommen, probiert es diese neue Position immer wieder aus. Sie werden unterschiedliche Variationen des Sitzens bei Ihrem Kind beobachten können. Mal sitzt es mit beiden Beinen nach vorn, mal hat es ein Bein vorn und eines hinten, und manchmal sitzt es auf seinen Fersen. Aus dieser Haltung kann es am schnellsten wieder zum Krabbeln „durchstarten". Die Sitzposition verschafft Ihrem Baby nun mehr „Überblick". Es schaut vermehrt nach oben und entdeckt neue Gegenstände, z. B. Bilder oder Mobiles. Der vertikalen Dimension gehört nun Babys Interesse. Zunächst zieht sich Ihr Baby in den Kniestand, danach richtet es sich auf und steht auf seinen Füßen. Ein großer Augenblick.

Denken Sie spätestens jetzt daran, den Lattenrost des Kinderbettes auf die niedrigste Position zu stellen!

Die folgenden Spielanregungen sind geeignet, Ihr Kind in der Phase des Aufrichtens zu unterstützen.

### An Papa und Mama hochziehen

Setzen Sie sich zum Baby auf den Boden, es kann sich dann an Ihnen hochziehen und aufrichten. Gleichen Sie die noch unsicheren Bewegungen des Babys durch Bewegungen Ihres Körpers aus. Häufig genügt es Ihrem Baby, wenn es einen Zipfel Ihrer Kleidung erwischt, um sich aufzurichten. Sie können ihm aber auch Ihren Zeigefinger hinhalten und es so beim Aufstehen unterstützen.

### Greifen und Spielen auf einer erhöhten Fläche

Für dieses Spiel eignet sich eine Matratze oder ein Koffer oder ein größerer, stabiler Karton. Zusätzlich benötigen Sie ein Spielzeug, z. B. Baubecher.

Legen Sie das Spielzeug auf einen der oben genannten Gegenstände. Ihr Baby hat nun die Möglichkeit, sich an der erhöhten Fläche in den Kniestand zu ziehen und nach dem Spielzeug zu greifen. Einige Babys fühlen sich in dieser Haltung so wohl, dass sie ausdauernd spielen. Die erhöhte Fläche bietet sich auch zum Überkrabbeln an; Ihr Kind entdeckt sicher immer neue Spielmöglichkeiten.

### An niedrigen Gegenständen aufrichten

*Zum Aufrichten eignet sich z. B. ein niedriger Kinderstuhl, eine Fußbank, eine umgedrehte Schüssel oder Kiste.*

*Michelle hat sich an der Schüssel aufgerichtet. Ihr Vater freut sich mit ihr über diesen Erfolg.*

Sobald Ihr Baby das Aufrichten gelernt hat, möchte es dies auch überall tun. Es ist erstaunlich, welche niedrigen Gegenstände sich das Kind dafür aussucht. Das Aufrichten an niedrigen Gegenständen stellt hohe Anforderungen an die Körperkoordination. Dabei beugt sich das Baby nach vorn, stützt sich mit den Händen auf den Gegenstand und richtet sich dann auf.

Möchte sich das Kind ganz aufrichten, stößt es sich mit den Händen bis in den Stand ab. Später stützt es seine Hände auf den Fußboden, hebt den Po in die Höhe und stößt sich dann mit den Händen ab.

114

## Was liegt denn da oben?

Bieten Sie Ihrem Kind den Tisch oder Stuhl mit dem Spielzeug zum Aufrichten und Spielen an. Es lernt nicht nur das Aufrichten, sondern auch, wie es wieder in die Hocke gelangen kann.

*Am Tisch lassen sich vielfältige Erfahrungen machen ...*

## Hoch hinaus an der glatten Wand

Sobald sich Ihr Baby sicher aufrichten kann (mit Hilfe von Gegenständen), wird es das Aufrichten auch an der glatten Wand ausprobieren wollen. Das ist nicht einfach. Ihr Baby hat damit eine erstaunliche Tat vollbracht!

Möchten Sie Ihrem Baby das Aufrichten an der Tür ermöglichen, befestigen Sie das Spielzeug einfach an der Türklinke.

*Ein mit dem Band an der Wand befestigtes Spielzeug oder ein Hampelmann regen das Kind an.*

## Auf die Leiter steigen

Ihr Kind entdeckt die Haushaltleiter. Die bietet enorme Erkundungsmöglichkeiten! Abwarten lohnt sich, sicherlich ist Ihr Kind neugierig und richtet sich an der Leiter auf. Es hat jetzt auch die Möglichkeit, einen Fuß auf die erste Stufe zu stellen und sich mit den Händen hochzuziehen. Wie stolz es da oben steht! Sparen Sie nicht mit Anerkennung und Lob. Das Hinuntersteigen wird allerdings schwieriger. Geben Sie Ihrem Kind aber nur dann Hilfestellung, wenn es sie tatsächlich benötigt.

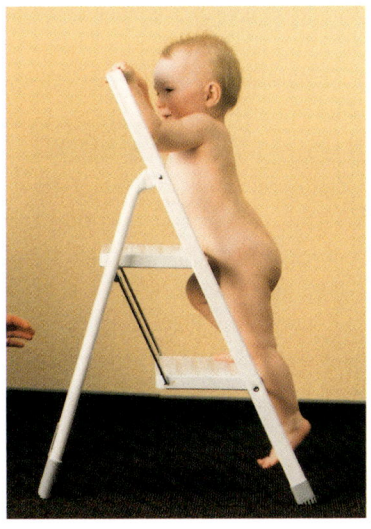

*Dieses Spiel erfordert auch Ihre ganze Aufmerksamkeit. Bleiben Sie bei dem Leiterspiel immer in unmittelbarer Nähe.*

*Aaron ist stolz: Er zeigt seiner Mutter, dass er schon ganz allein auf die Leiter klettern kann.*

### Das kann ich schon holen

Legen Sie ein Spielzeug neben das stehende, sich festhaltende Kind. Es hält sich nur noch mit einer Hand fest, z. B. am Tisch, wenn es das Spielzeug aufhebt. Dabei beugt es seine Knie nach vorn. Hat es das Spielzeug gefasst, richtet es sich wieder auf.

Variation: Ist der Weg bis zum Fußboden für Ihr Baby noch zu weit, können Sie eine „Zwischenstation" einbauen. Legen Sie das Spielzeug auf eine Erhöhung, z. B. auf einen Schuhkarton. Ihr Kind hat einen kürzeren Weg, kann also das Spielzeug leichter erreichen. Später gelingt es dem Kind, Gegenstände aufzuheben und sich dabei nur noch mit einer Hand an der Wand abzustützen. Schließlich kann es dies auch in der Mitte des Raumes aus dem freien Stand.

*Katharina kommt selbst mit der Schüssel aus der Hocke in den Stand.*

## Spiele begleiten die ersten Schritte

*Oft gelangen Babys mühelos in die aufrechte Position, wissen dann aber nicht, wie es wieder runtergeht. Helfen Sie, indem Sie eine Zwischenstation einbauen!*

Babys, die gerade gelernt haben, einige Augenblicke frei zu stehen, müssen ihre Körperbalance in dieser Haltung finden. Sie stehen häufig starr und unsicher. Babys gesamte Konzentration gilt dem Erlangen der Symmetrie, gelingt dies, erringt es die nötige Standfestigkeit. Es fühlt sich sicher und probiert mit wachsender Begeisterung das Auf- und Niederwippen, dabei hält es sich mit seinen Händen an Tisch oder Stuhl fest. Mutig geworden für das nächste Abenteuer, verlagert das Kind seitlich sein Gewicht. Es wagt die ersten Seitwärtsschritte. Später läuft es seitwärts um den Tisch herum. Die ersten Schritte nach vorn tut das Kind erst dann, wenn es in der seitlichen Fortbewegung sicher geworden ist.

### Hoch das Bein

Sie legen ein Spielzeug in einiger Entfernung – nicht zu weit – auf dem Tisch ab. Das Baby wird nun mit einem Seitschritt versuchen, das Spielzeug zu erreichen. Später hält sich das Kind mit einer Hand fest, dreht seinen Körper und macht einen Schritt vorwärts.

116

*Krabbeln auf der schrägen Ebene (s. S. 111).*

Variation: Sie können Ihr Baby auch zur Gewichtsverlagerung anregen, wenn Sie den Wasserball an der Schnur vor seine Füße halten.

Das Baby wird sich mit einer Hand festhalten, um die nötige Stabilität zu erhalten, und dann mit einem Fuß gegen den Ball treten. Seien Sie nicht enttäuscht, wenn es das nicht tut! Nicht jedes Kind ist ein Fußballer. Wenn es jedoch tritt, versuchen Sie zu erreichen, das es beide Füße einsetzt.

*Ihr Baby lernt dann das Laufen, wenn sein Nervensystem dafür reif ist.*

Manche Kinder krabbeln monatelang, kommen gut voran und sind damit zufrieden. Oft ist das Interesse am Laufen noch nicht wach. Schauen Sie mal, wie Kinder ihre ersten Schritte machen: oft unter Einbeziehung ihrer Arme, die wie beim Seiltänzer für das nötige Gleichgewicht sorgen. Forcieren Sie das Laufen nicht dadurch, dass Sie das Kind an beiden Händen führen (s. S. 93)! Es wird noch sein Leben lang laufen …

### Wer kommt in meine Arme?

Hocken Sie sich vor Ihr Kind und fordern Sie es auf, in Ihre Arme zu kommen. Sicher freut es sich, wenn es die Distanz allein überwindet. Läuft Ihr Kind sicherer, können Sie den Abstand vergrößern.

### Tasterfahrungen für die Füße

*Lassen Sie Ihr Kind, wann immer es geht, barfuß laufen.*

Schuhe benötigt das Kind erst dann, wenn es draußen läuft und seine Füße vor Kälte, Nässe oder spitzen und scharfen Gegenständen geschützt werden müssen.

Vielleicht haben Sie in Ihrer Wohnung verschiedene Bodenbeläge. Ihr Kind hat sicherlich Spaß daran, diese barfuß zu (er)tasten. Sie können ihm auch die „Fühlstrecke", die Sie ja schon vom Krabbeln her kennen, anbieten. Für die Füße können Sie dann die Palette erweitern: Verschiedene Bodenbeläge wie Holz, Kork, Filz, Velours etc. eignen sich hervorragend.

*Setzen Sie den Staubsaugerschlauch, ein Seil oder einen Besenstiel ein.*

Ihr Kind spürt barfuß die unterschiedlichen Materialien und erlangt dabei Sicherheit beim Laufen. Es passt seine Bewegungen den verschiedenen Untergründen an. Lässt es die Jahreszeit zu, können Sie Ihr Kind auch draußen über Sand und Gras laufen lassen.

### Aufgepasst, ein Hindernis!

Auch für dieses Spiel können Sie auf Gegenstände zurückgreifen, die zum normalen Repertoire Ihres Haushalts gehören. Unterstützen Sie Ihr Kind beim Laufen über Gegenstände, bzw. dem Übersteigen. Zur Unterstützung reichen Sie ihm zunächst eine Hand. Später bereitet ihm das Übersteigen von Schwellen unterschiedlicher Höhe keine Schwierigkeiten mehr. Bald macht es auch vor Stufen keinen Halt mehr.

Ebenso reizvoll sind kleine Abhänge (z. B. schräges Brett) und schmale Flächen.

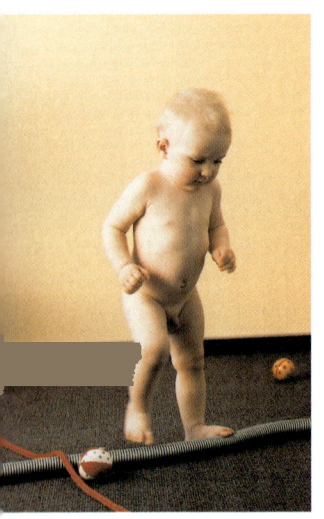

Treppenstufen bewältigt es zunächst lieber im Krabbeln. Das Abwärtskrabbeln und -gehen ist schwieriger und auch gefährlicher. Drehen Sie Ihr Kind so, dass es rückwärts krabbelt, um hinunter zu gelangen. Läuft es Treppenstufen, hält es sich zunächst mit beiden Händen am Geländer fest.

*Die ersten Schritte machen Kinder gern, wenn sie etwas schieben können.*

### Gegenstände schieben

Das Festhalten am Gegenstand gibt ihnen Sicherheit für das „Abenteuer Laufen". Auf glatten Fußböden lassen sich Kinderstühle hervorragend schieben. Obwohl sie relativ kippsicher sind, sollten Sie in unmittelbarer Nähe des Kindes bleiben. Stabile Puppenwagen sind ebenfalls geeignet, kippen jedoch schneller. Mit Bauklötzen beladen bekommen sie mehr Stabilität.

### Tragen von großen Gegenständen

Kinder, die gerade das Laufen gelernt haben, tragen mit Freude große Gegenstände. Sie können mit Ihrem Kind sprechen und es auffordern, Ihnen den Gegenstand zu bringen.

Ihr Kind wird nun seinen Körperschwerpunkt verlagern, um die Tragesituation zu meistern.

*Zum Tragen eignet sich für Ihr Kind z. B. der Wasserball oder eine große Plastikschüssel.*

*Katharina trägt die große Schüssel, in die sie vorher Bauklötze gelegt hat.*

### Ein Spielzeug hinterherziehen

Reichen Sie Ihrem Kind die Schnur des Spielzeugs. Wie reagiert es? Zunächst ist es für Ihr Kind schwierig, nach vorn zu gehen und dabei etwas zu ziehen. Bisher schaute es immer in die Richtung, in die es lief. Angeregt durch das Spielzeug, wagt das Kind jetzt vielleicht auch einen Blick nach hinten. Es lernt durch das Rückwärtsschauen seinen Körperschwerpunkt zu verändern und sich trotz des Rückwartsblicks im Raum zu orientieren.

*Sie benötigen ein Spielzeug zum Ziehen, z. B. ein Holzauto mit Schnur.*

### Rund um den Ball

Beim Aufheben des Balls geht das Baby in die Hocke, versucht den Ball zu fangen, macht vielleicht auch Schritte zur Seite oder nach hinten. Später wird Ihr Kind auch rennen, um den Ball zu erwischen. Sie können sich auch mit dem Kind auf den Boden setzen und ihm den Ball zurollen, oder Sie fordern es auf, den Ball zu Ihnen zu rollen oder zu werfen. Zeigen Sie dem Kind, wie Sie mit dem Fuß gegen den Ball treten. Ist es neugierig geworden, wird es dies selber ausprobieren wollen, dafür unterbricht es seinen Schrittrhythmus, stoppt seine Bewegung, um dann gezielt mit dem Fuß den Ball wegzustoßen. Es lernt, die Länge seines Schrittes zu verändern, ohne aus dem Gleichgewicht zu kommen.

# Spiele vertiefen die Beziehung

Ihr Baby spielt am liebsten im unmittelbaren Kontakt mit Ihnen. Auch wenn es noch nicht sprechen kann, versteht es schon viele Wörter. Es kann sich verständlich machen und zeigt deutlich, was es möchte.

*Sie brauchen für dieses Spiel ein Tuch und ein Spielzeug.*

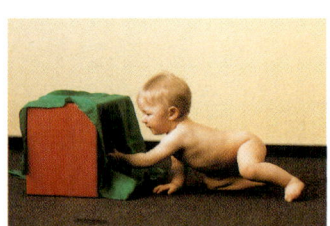

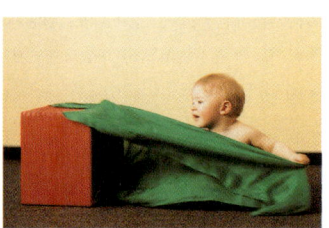

**Wo ist das Spielzeug?**
Zeigen Sie Ihrem Baby ein Spielzeug und verstecken Sie es vor seinen Augen unter dem Tuch. Ermuntern Sie es, das Spielzeug zu suchen. Auch wenn Ihr Kind das Spielzeug nicht mehr sieht, erinnert es sich und weiß, dass das Spielzeug unter dem Tuch versteckt ist. Ihr Baby zieht das Tuch weg und freut sich über das wieder gefundene Spielzeug. Dies erfordert eine hohe Denkleistung.

**Gleich hab ich dich!**

*Das Fangen-Spielen unterstützt die unterschiedlichen Formen des Krabbelns.*

*Sophie krabbelt schnell um den Tisch herum, um ihrer Mutter zu „entkommen".*

Babys lieben das Fang-mich-Spiel, wobei Sie hinter Ihrem Kind herkrabbeln. Besonders spannend wird es, wenn Sie dabei mit ihm sprechen. Hört das Kind: „Gleich hab ich dich", wird es noch schneller und jauchzt vor Freude. Spielerisch lernt das Baby, auch rückwärts, seitwärts, um das Hindernis herum, langsam oder schnell zu krabbeln. Ihr Baby freut sich auch, wenn Sie sich von ihm fangen lassen.

**Guck-guck – such mich!**

Legen Sie sich das Tuch übers Gesicht und sagen Sie zu Ihrem Kind: „Such mich" oder „Wo bin ich?" Ihr Kind kann dann das Tuch wegziehen und freut sich, Sie „gefunden zu haben". Spielen Sie das Spiel so lange, wie es Ihnen und dem Baby Spaß macht.

*Sie benötigen ein dünnes Tuch.*

Guck-Guck-Spiele werden für Ihr Baby nie langweilig. Später wird Ihr Kind Sie nachahmen und versuchen, sein Gesicht ebenfalls mit dem Tuch zu bedecken. Dabei benötigt es noch etwas Unterstützung. Es zieht dann eigenständig das Tuch weg oder freut sich, wenn Sie es tun, natürlich kommentiert mit Ihrer großen Überraschung:

„Da ist ja die Lara!" Probieren Sie auch, wie Ihr Kind reagiert, wenn Sie sich hinter einem Sessel verstecken. Wahrscheinlich wird es Sie begeistert suchen.

*Dieses Spiel ist ein Endlos-Spiel; Babys bekommen davon nie genug und lernen, Gegenstände spielerisch abzugeben.*

### Geben und Nehmen

Reichen Sie Ihrem Kind einen Gegenstand und sagen Sie: „Bitte!" Nach kurzer Zeit können Sie Ihre Hand wieder ausstrecken. Fordern Sie Ihr Baby auf, den Gegenstand wieder zurückzugeben. Dann heißt es „Danke", wenn die Rückgabe klappt. Mit der Zeit versteht Ihr Kind die Bedeutung von „Bitte" und „Danke".

### Sprachlicher Kontakt aus der Ferne

Sind Sie mit Ihrem Kind in einem Raum, z. B. bei der Hausarbeit, können Sie auch über einen größeren Abstand mit ihm sprechen. Gerade in der Fremdelphase ist es für Ihr Kind hilfreich, Ihre Stimme zu hören. Sagen Sie ihm was Sie tun, z. B. „Ich wische den Tisch ab, aber gleich komme ich wieder zu dir zurück." Manche Babys sind auch sehr interessiert, den elterlichen Stimmen zu lauschen, wenn die aus einem anderen Raum kommen. Ihr Baby findet es auch spannend, wenn Sie mal lauter sprechen oder flüstern. Es lernt, Stimmen feiner zu differenzieren, und wird angeregt, auf seine Weise zu antworten.

### Das erste Bilderbuch

Reichen Sie Ihrem Kind das Buch, es wird erst einmal damit beschäftigt sein, diesen „neuen" Gegenstand kennen zu lernen. Ihr Kind wird versuchen, die Seiten eigenständig umzublättern.

Sie können Ihr Baby in der Sprachentwicklung unterstützen, indem Sie häufig mit ihm sprechen. Es ist interessiert, wenn Sie die Bilder benennen, und freut sich über Ihre wiederholenden Worte. Geeignet sind Bilderbücher mit klaren Farben und Formen. Jede Seite sollte nur einen Gegenstand zeigen, der dem Kind nach Möglichkeit schon bekannt ist.

Für Bilderbücher ist es nie zu früh. Einfache Sätze können Sie Ihrem Kind im zweiten Lebenshalbjahr bereits vorlesen.

Auch am Ende des ersten Lebensjahres erkunden Kinder vieles über den Mund. Lassen Sie es auch am Bilderbuch lutschen, wenn es das möchte.

### Wie hört sich das an?

Wenn Ihr Kind mit einem Becher oder einer Plastikflasche spielt, können Sie den Namen des Kindes in den Hohlkörper rufen oder flüstern. Ihr Baby wird aufmerksam lauschen.

Wiederholen Sie das Spiel mal laut und mal leise. Nach einiger Zeit können Sie Ihrem Kind dann den Hohlkörper hinhalten; es wird versuchen, Sie nachzuahmen. Mit einiger Übung gelingt es ihm, selber Töne zu erzeugen.

*Sie brauchen einen Becher oder eine leere Plastikflasche.*

## Wir machen ein Konzert

*Ihre Küche bietet auch alle Instrumente, die Sie und Ihr Kind für ein Konzert benötigen.*

Verwenden Sie einen Kochtopf, eine Schüssel und zwei Kochlöffel. Bestimmt kennt Ihr Kind diese Gegenstände von seinen „Aufräumaktionen".

Drehen Sie den Topf und die Schüssel um. Sie können nun Ihrem Kind zeigen, wie es mit dem Kochlöffel daraufschlagen kann. Sicherlich möchte das Baby ausprobieren, wie es Geräusche erzeugen kann.

Zuerst ganz zaghaft, nach und nach aber fester trommelt es auf den Topf und die Schüssel. Es lernt, dass es, wenn es auf verschiedene Gegenstände klopft, auch unterschiedliche Töne erzeugen kann.

*Die Koordination beider Hände erfordert Übung und bedeutet äußerste Konzentration für Ihr Kind.*

Trommeln Sie doch mit, für Sie ist der zweite Löffel bestimmt, Ihr Kind freut sich bestimmt über das gemeinsame Konzert.

Zuerst wird Ihr Kind mit einer Hand trommeln, manchmal trifft es Topf oder Schüssel nicht gleich beim ersten Versuch. Ist es sicher bei diesem Spiel, können Sie ihm für jede Hand einen Kochlöffel reichen.

## Woher kommt das Geräusch?

*Sie benötigen einen laut tickenden Wecker oder eine Spieluhr.*

Nachdem Sie Ihrem Kind die Spieluhr oder den Wecker gezeigt haben, verstecken Sie die Uhr. Lauschen Sie gemeinsam dem Geräusch und entdecken Sie zusammen das Versteck. Ihr Kind lernt, genau zu hören, es ordnet die Geräuschquelle einer Richtung zu und sucht gezielt. Es freut sich, wenn das Geräusch lauter wird, nun ist es dem Ziel nahe.

Variation: Sie können sich auch selber verstecken und nach Ihrem Kind rufen. Groß ist die Freude bei Ihrem Baby, wenn es das Versteck entdeckt hat.

## Danksagung

An diesem Buch haben einige Menschen „gearbeitet". Ihnen allen möchte ich meinen herzlichen Dank sagen.

Besonders danken möchte ich KRISTINE KÜHNEL-GRÖBERT, der Geschäftsführerin des PEKiP e. V., die maßgeblich für das Gelingen der Fotos gesorgt hat und mich auch sonst mit wichtigen Tipps und Ideen unterstützt hat. WOLF SCHILY hat mit viel Geduld und dem Blick für den „richtigen Moment" mit seiner Kamera die schönen Bilder „geschossen". Dies hat funktioniert, weil die Mütter und Väter mit ihren Babys aus meinen im Jahr 2001 laufenden PEKiP-Kursen nicht nur die „Wärmelampen" des Photographen und seine klickende Kamera, sondern auch zwei angespannte PEKiP-Frauen geduldig ertragen haben, bis alle Aufnahmen „im Kasten waren". Ihnen und auch STEPHANIE CEBULLA, die die Räume ihrer logopädischen Praxis für die Photo-Session zur Verfügung stellte, gilt mein Dank.

Ein ganz herzlicher Dank auch an ERIKA ROCH, eine der Gründerinnen des PEKiP e. V., die sich trotz aller Arbeit die Zeit nahm, mein Manuskript kritisch zu lesen, es mit mir zu überarbeiten und dem Buch ihr Vorwort zu geben.

Zu danken ist auch PATRICIA LAUER von der Firma bebina, die mir zum Thema „Tragen" mit ihrem fachkundigen Rat zur Seite stand und es auch ermöglichte, dem Buch ihre Tragetuch-Bindeanleitungen beizufügen.

Dank auch an meine Familie. Mit viel Verständnis haben die „Männer" mir die Zeit gelassen, die ich für das Schreiben brauchte und Ihnen vorenthalten habe. Motivation erhielt ich von meinen Söhnen Niklas und Joël, insbesondere durch ihre Begeisterung für Babys und ihr Verständnis für meine Arbeit, aber auch von Klaus, meinem Mann, selbst PEKiP-Gruppenleiter, der mir immer wieder „kollegial" zur Seite saß.

## Literatur

An erster Stelle sind hier die *Fortbildungsmaterialien* des PEKiP-Vereins e. V. zu nennen, die allerdings nur vereinsintern Verwendung finden.

### PEKiP-Bücher

Polinski, Liesel: PEKiP: Spiel und Bewegung mit Babys. Rowohlt Verlag 2001
Pulkkinnen, Anne: PEKiP: Babys spielerisch fördern. Gräfe und Unzer Verlag 2002

### Weiterführende Literatur

Fries, Mauri: Schreikinder - Babys mit besonderen Bedürfnissen? Leipzig, 1998 (Aufsatz zu finden bei: www.schreikinder.de)
Fries, Mauri: Unser Kind schreit Tag und Nacht. Ernst Reinhardt Verlag 2002
Gratkowski, Marion von: Zwillinge. Trias Verlag 1988
Jones, Sandy: Schlafende Babys, ruhige Nächte. Urania Verlag 11. Aufl. 2001
Kampmann, Gudrun, Angelika Nieder: Das wichtige erste Jahr. Südwest Verlag 2001
Kennell, John H.: Der erste Bund fürs Leben. Rowohlt Verlag 1997
Kirkilionis, Evelin: Ein Baby will getragen sein. Kösel Verlag 1999
Klaus, Phyllis H.: Das Wunder der ersten Lebenswochen. Kösel Verlag 2000
Largo, Remo H.: Babyjahre. Piper Verlag 2000
Marcovich, Marina, Jong, Theresia Maria: Frühgeborene – Zu klein zum Leben? Fischer Verlag 1999
Müller-Rieckmann, Edith: Das frühgeborene Kind in seiner Entwicklung. Ernst Reinhardt Verlag 1996
Reck-Irmler, Barbara: Unser Baby. Urania Verlag 2000
Rinnhofer, Heidi (Hg.): Hoffnung für eine Handvoll Leben. Harald Fischer Verlag 1995
Salis, Bettina: Warum schreit mein Baby so? Rowohlt Verlag 2000
Stemme, Gisela und Eickstedt, Doris v.: Die frühkindliche Bewe-

gungsentwicklung. Verlag Selbstbestimmtes Leben 1998
Stern, Daniel: Tagebuch eines Babys. Piper Verlag 1993
Zimmer, Katharina: Das wichtigste Jahr. Kösel Verlag 1996
Zimmer, Katharina: Warum Babys und ihre Eltern alles richtig machen. Goldmann Verlag 1997
Zimmer, Katharina: Erste Gefühle. Kösel Verlag 1998
Zimmer, Katharina: Wenn Eltern laufen lernen. Mosaik Verlag 1998
Zukunft-Huber, Barbara: Die ungestörte Entwicklung Ihres Babys. Trias Verlag 1998

**Adressen**
PEKiP e. V. Heltorfer Str . 71, 47269 Duisburg, Tel. 0203/712330, Fax 0203/712395, E-Mail: pekip@t-online.de, www.pekip.de.
Hier erhalten Sie Auskunft zu PEKiP-Gruppen an Ihrem Wohnort oder in Ihrer Nähe. Sie können sich auch über die Fortbildung zur PEKiP-Gruppenleiterin/zum PEKiP-Gruppenleiter informieren. PEKiP- Gruppen werden von unterschiedlichen Trägern oder auch privat angeboten.

*Frühgeborene*
Bundesverband „Das frühgeborene Kind" e. V. Malplaquetstr. 38, 13347 Berlin, Tel. 06821/742331, www.fruehgeborene.de

*Schreibabys*
Zentrale Adresse für Deutschland: www.trostreich.de. Hier erhalten Sie Adressen von Initiativen und Selbsthilfegruppen in Ihrer Stadt oder Region.

Münchner Sprechstunde für Schreibabys, Heiglhofstr. 63, 81377 München, Tel. 089/71009-331, Fax 089/71009-369

*Zwillinge*
Forschungs- und Beratungszentrum am Institut für Humanbiologie und Humangenetik, Dr. Tobias Angert, Am Hexenpfad 7, 63450 Hanau, Tel. 06181/ 183900, Fax 06181/934228

*Zwillingselterngruppe*
Marion von Gratkowski, Postfach 401111, 86890 Landsberg, Tel. 08191/ 966739, Fax 08191/966740, www.twins.de

*Tragetücher*
bebina GmbH, Postfach 1211, 26002 Oldenburg (Old.), www.bebina.de